BUDDHISM
in
CHINESE
HISTORY

中国历史中的佛教

〔美〕芮沃寿（Arthur Wright）
著

常 蕾
译

北京大学出版社
PEKING UNIVERSITY PRESS

著作权合同登记号　图字：01-2015-5797
图书在版编目(CIP)数据

中国历史中的佛教/(美)芮沃寿(Arthur F. Wright)著；常蕾译.—北京：北京大学出版社，2017.10
（海外中国哲学研究）
ISBN 978-7-301-28652-4

Ⅰ.①中⋯　Ⅱ.①芮⋯②常⋯　Ⅲ.①佛教史—研究—中国　Ⅳ.①B949.2

中国版本图书馆 CIP 数据核字(2017)第 199735 号

Buddhism in Chinese History
By Arthur Wright
© 1959 By the Board of Trustees of the Leland Stanford Junior University, renewed 1987. All rights reserved. Translated and published by arrangement with Stanford University Press.
本书版权归利兰·斯坦福大学校董会所有(© 1959)，于 1987 年修订。所有权利保留。经与斯坦福大学出版社的合同，翻译出版本书。

书　　　名	中国历史中的佛教 ZHONGGUO LISHI ZHONG DE FOJIAO
著作责任者	〔美〕芮沃寿　著　常　蕾　译
责 任 编 辑	吴　敏
标 准 书 号	ISBN 978-7-301-28652-4
出 版 发 行	北京大学出版社
地　　　址	北京市海淀区成府路 205 号　100871
网　　　址	http://www.pup.cn　新浪微博:@北京大学出版社
电 子 信 箱	pkuwsz@126.com
电　　　话	邮购部 62752015　发行部 62750672　编辑部 62757065
印 刷 者	北京中科印刷有限公司
经 销 者	新华书店
	880 毫米×1230 毫米　A5　5.375 印张　98 千字 2017 年 10 月第 1 版　2019 年 1 月第 2 次印刷
定　　　价	39.00 元

未经许可，不得以任何方式复制或抄袭本书之部分或全部内容。
版权所有，侵权必究
举报电话: 010-62742024　电子信箱: fd@pup.pku.edu.cn
图书如有印装质量问题，请与出版部联系，电话: 010-62756370

献给芮玛丽

总　序

　　北京大学出版社的这套丛书精选了赫然于汉学家案头的那些奠基之作。这些著作是西方学宿公认的经典,在西方学界理解中国思想的进程中,这些经典奠定了范式和框架。我们希望,通过这套丛书推开一扇窗户,中国的知识分子可以藉此领略海外中国哲学和文化研究的图景。

　　二十年前,在研究中国思想的中国学者和西方学者之间还横亘着一条鸿沟。西方学者在撰写著作之前,需要阅读中国杰出学者和西方同行的作品,然后才能自己落笔著述。但在中国人看来,西方人对中国思想的研究顶多是边角的余兴。中国是孤悬于西方学者研究边缘的对象,中国学者也并不重视西方人研习中国文化的著作,于是,两个学术群体之间几乎没有对话。

　　今天大量汉学家们的作品被翻译出版,充盈着中国的书店卖场;学者们则在中西学府之间往来切磋,络绎不绝。顶尖的中国学者臻缮了他们的外语技能,在他们的著作中对西方同道们的研究兴趣也与日俱增。西方学者也终于能用中文和中国同行一起参加中国的会议和研讨。西方学者认识到中国的哲学和文化仍然鲜活,生活在其中的中国人就是最好的体现。

中西交流之间这个奇妙、重大而健康的转变,其缘由可谓多矣。

其一,二十年间中国已经握紧了国际政治和经济巨大餐布的一角。这个古老的国家需要一个自我理解的平台,这是她构筑新国际关系的基础。自我理解需要内部和外部两个视点。对此中国人早有慧见:"不识庐山真面目"所言即是。当把中国的哲学和文化置于国际化、语境化的世界文明脉络中时,中国文化就会获得新的定位。

其二,对西方人而言,中国的持续开放使他们有机会直接就教于中国学者,并分享其研究之硕果。曾经遥远神秘的中国如今已经成为世界学术群体中不可或缺的一分子。

进入 21 世纪的第二个十年,世界陷入了经济和政治的泥淖,文化的处境也差相仿佛。政治和经济上的超级大国已经穷途末路,旧的国际秩序亦岌岌可危。不过这个"危机"既是危险也是机遇。我们可以期待政治上的寡头霸权将要被万国协商式的全球社群所取代,经济上寡富众贫的不公要重新调配,以期天下同此凉热,仁爱泽及四海。

不过,如果我们不能在个体、群体、国家的层次上,涤除主导世界文化的个人主义之荒谬,不能认识到人类经验的有机性、生态性,不能领会人类大家庭里彼此在各个层面上的唇齿相依,上述政治经济的改善就不可能发生。

其三,众所周知,由于西方帝国主义在政治和经济上的孽因,两个世纪以来中国文化沉喑无闻。今天中国的经济和政治影响被广泛承认,而中国文化对外国人来说仍然神秘。我们也知道,在不远的将来,日益强大的中国将更有力量改变世界秩序,这将使中国文化成为那个美丽新世界(很有可能比现在的好)中举足轻重的因素。中国将成为文化交响的重要旋律,世界将再次听到中国文化的声音。

既然中国文化将为这个新秩序贡献良多,我们就需要尽可能透彻地了解她。我希望这套丛书翻译的著作能使此前已结硕果的研究增添一个层面:面对当代西方对中国传统进行的丰富阐释(有时也是误释),我们去追溯西方的中国思想研究历程中泽被最为深远的学术经典。

安乐哲

目 录

总　序　　　　　　　　　　　　　　　1
前　言　　　　　　　　　　　　　　　1

第一章　汉代的思想和社会　　　　　　1
第二章　准备时期　　　　　　　　　　20
第三章　驯化时期　　　　　　　　　　42
第四章　独立成长时期　　　　　　　　66
第五章　挪用期　　　　　　　　　　　86
第六章　佛教在中国的遗产　　　　　107

延伸阅读选录　　　　　　　　　　　125

索　引　　　　　　　　　　　　　　140
译后记　　　　　　　　　　　　　　153

前　言

本书的写作缘于我在芝加哥大学所做的由人类学系与联合神学院共同主办的六次演讲。主办者希望我的演讲能够在受过教育的公众中引起对这一主题的广泛兴趣，该主题既是一个伟大文明的历史中不可分割的部分，又与我们时代的文化间相互关系的问题有关。本书所呈现的与实际的演讲大致相同，也怀着同样的希望和意图。注释和专业细节降至最少，但增加了进一步阅读的书目，以便那些可能愿意探讨该主题的某个方面的人使用。

本书中的六篇文章尝试对文明史上最伟大的主题之一做一个反思性的阐释。没有人比本书的作者更明白未勘察的历史与资料的领域是如此巨大，以至于这样一个阐释只能是试探性的、不完满的。尽管如此，我还是认为学者偶尔应该退而沉思那个赋予其专业研究以意义的时代与问题的连续整体。在我看来，他应该既向他学问领域的同事，也向受过教育的公众汇报他的反思结果。通过这种方式，他才有希望对理解的积累增长有所贡献，而这正是一切学术研究的正当理由。

本书旨在做这样的汇报:关于相对受忽略的研究领域内完成的工作、关于达成的结论、关于在事实或事件的不同秩序中识别出来的关系、关于遭遇到的和还未解决的问题。中国和佛教研究领域现代学术的迅速进展使得这样的一个报告成为可能。最近四十年来,过去被视为中国历史的神话化叙事得到了批评性的分析,而少数的几个时代和问题慢慢地成为焦点。在前沿学者的手中,中国佛教的研究从虔诚的解经学的囹圄中脱出,成为研究中国文明成长史一个不可分割的部分。我尤其感谢以下先驱:京都人文科学研究所的塚本善隆(Zenryū Tsukamoto)教授,以及法国大学的戴密微(Paul Demiéville)教授。

——致谢所有那些促进和激发过我在中国佛教历史领域中研究的人会使读者厌烦,因此请让我仅提及那些与本书直接相关的人:芝加哥大学联合神学院的院长杰拉尔德·布劳尔(Jerald Brauer)和已故的芝加哥罗伯特·哈钦斯卓越服务人类学教授(Robert M. Hutchins Distinguished Service Professor of Anthropology)罗伯特·雷德菲尔德(Robert Redfield)为这些文章的首次面世提供了激励和契机。密歇根大学的马克斯·洛尔(Max Loehr)教授在插图的选择上友善地给予了建议。斯坦福大学出版社的小杰西·贝尔

(Jesse G. Bell, Jr.)先生非同寻常的编辑才能使我受益。我的妻子芮玛丽(Mary Clabaugh Wright)给予了专业但是很宽容的批评。玛丽·约翰逊(Mary H. Johnson)夫人耐心而熟练地打出了几次草稿,康拉德·希罗考尔(Conrad Schirokauer)夫妇帮助准备了索引。感谢艾伦(Allen)和安文(Unwin)先生允许我引用杰出翻译家魏礼(Arthur Waley)的著作,感谢《亚洲研究期刊》的编辑们允许我自由地使用我在1957年发表于该刊的论文《中国文化中的佛教——交互作用的诸阶段》("Buddhism in Chinese Culture: Phases of Interaction")。对博物馆及其馆长们友好合作的感谢我放在插图清单里了。

芮沃寿

斯坦福,加利福尼亚

1959年1月7日

第一章 汉代的思想和社会

公元前 206 年至公元 220 年

佛教改变中国文化是东亚历史上重大的主题之一。这个历程可以追溯至将近两千年前。而且无论我们把目光转向中国人生活和思想的哪个方面，都可以看到它的影响。通过检视这样一个历程，我们可以指望学到什么？在最一般的层次上，我们可以更好地理解文明之间相互作用的某些模式，这与我们 20 世纪世界的文化问题有特别的相关性。进一步地，我们可以对宗教作为把一个伟大文明的元素输入到另一个文明的载体的角色有所了解。这可能会引导我们批判地反思汤因比的理论，即：宗教在保存一个瓦解的文明和它的继任者之间的连续性元素中扮演着至关重要的角色，而大乘佛教——作为"内在无产阶级的教会"，在汉文明中断时就扮演了这样一个角色。接下来，我们可以对佛教作为世界宗教的特性，及其与其他伟大信仰的相似或不同之处，作出暂时的判断。当我们考量佛教在中国历史中的角色时，必须意识到印度与中国文明之间的巨大差异，还要警惕那些以"东方文化的一体性"(the unity of Oriental culture)为假设前提的种种阐释。最后,我们应当找到理解中国文明的线索:对其思想特有的和持久的模式的洞察;理解其文学与艺术传统、其制度以及个人与群体行为模式的关键。并且,我们希望能够做到不把这些事物看成是静态的实体,而看成是为了应对不断变动的环境带来的长期挑战,而随着时间变迁的文化的各个面向。

  对这些范围广阔的问题和过程的考察,可以采用共时性的方式,即分不同章节讨论中国文化中受到佛教影响或改造的各个不同方面;也可以采用历时性的方式,即按时代来分割。我选择了历时性的方式。作为一个历史学家,我习惯于思考一个文明整体在时间中的变化,以及这个文明的各个方面在某个特定时刻的交互作用。我尤其想要强调中国文明中的发展变化,来中和那种从赫尔德、黑格尔、马克思到诺思罗普(Northrop)*、魏复古(Wittfogel)**一直持续不衰的欧洲中心论的执念,即认为中国人以及其他"东方"

---

 * 诺思罗普(Filmer S. C. Northrop,1893—1992),美国哲学家,著有《东西方的相遇》(*The Meeting of East and West*,1946)等书。——译者注

 ** 魏复古(Karl A. Wittfogel,1896—1988),美国汉学家,著有《东方的专制》(*Oriental Despotism*, 1957)等书。——译者注

民族,如兰克的那句不屑一顾的名言所说的那样,是"永远静止的民族"(den Vöelkern des ewigen Stillstandes)。

对佛教与中国文明做一番如此的探究不是一件易事。很大一部分困难来自于中国佛教资料的性质。仅中国佛典的篇幅就大约是《圣经》的74倍,而且关于这些佛典的组织、文本分析和阐释的问题令人望而生畏。五十年来出现的相关的专题研究、索引和字典对分析这些汗牛充栋的文献来说只能算是刚刚起步。而当我们把佛教与中国的历史发展联系起来探讨时,问题又加倍了。中国在一切民族中关于自身历史的记录最为篇幅浩繁,我们还处于对这些记录加以组织和分析的早期阶段——这个历史记录的丰富性和多样性足以使历史学家陷入绝望。① 关于中国的现代历史研究在最近的四十年里有所进展,但最多也仅相当于对一片辽阔的未知土地的试探性勘察。

如何理解和解释我们已知的东西也构成问题。当我们说佛教影响了中国人生活与思想的方方面面时,我们是说:

---

① 据估计二十五史翻译成英语需要4500万字,而这些尚且是整个文献中很小的一部分。这个估算来自于德效骞:《中国史书的可靠性》(Homer H. Dubs, "The Reliability of Chinese Histories"),载《远东季刊》(*Far Eastern Quarterly*, VI, 1946),第23—43页。

佛教对各方面都发生了同样的影响，以同样的方式影响到同等的程度吗？显然不是的。因为我们知道，一个文明，其艺术的、文学的、哲学的或者其他的传统通常会有各自不同的模式和发展动力。可是，当我们认识到这一点之后，我们又发现自己对这些独特的模式不甚了了，更不用说它们以何种方式在历史中互相影响。还有，我们知道，在我们将考察的漫长岁月里，中国是由许多不同的亚文化构成的，但我们并不很清楚这些中国不同地域的典型亚文化的具体细节，也不清楚它们在不同的历史时期中如何相互影响和相互渗透。

不过值得高兴的是现在有越来越多各种各样的专题研究和理论假设来帮助我们在这可畏的资料与问题的谜团中理出头绪。在这些思想中，我们发现罗伯特·雷德菲尔德（Robert Redfield）的理论对我们当前的研究相当有用。他的理论讲的是在像中国这样以农为本的、阶层二分型的社会中，精英和农民是以何种方式相互作用的。他把这两个社会阶层的文化分别称为大传统和小传统。前者是有教养的、理性化的、自觉的，包含着对社会的——艺术、哲学以及制度方面的——外显的理想的连续而明确的表述。后者则是农村民众的不自觉的、缺乏批判性的民间传统——代代因袭的行为规范和信仰。如果我们铭记这一区分并注意观察这两个传统如何通过政府、经济政策、宗教和艺术相互影响,我们就能够更好地理解佛教和中国文化在每个时期中的互动。

一说到时期,我们就碰到了一个问题,这个问题从过往的时间不再被看成是一个个分立的英雄壮举的高峰而是被看成一个过程那个时刻起,就开始困扰历史学者。这就是分期问题。我对本课题研究的这个过程所做的时期划分只能视为一个假设,是为了处理漫长时段和繁复事件而采取的方便的、然而也是尝试性的手段。这些时期被冠以不同的名字,提示每个时期佛教与它所进入的文化相互作用的不同模式。不过这只代表对特定时期内何种互动模式占主导地位的一种判断,而不是说一种模式的盛行就排除了别的模式的存在。毋宁说是这样的:在我们考量的这几个时期里都有许多模式并存,而且在一个时期占主导地位的互动模式既在上一个时期有所预示,又在接下来的一个时期内产生回响。

在考量以如此多的途径改变了中国文明的漫长过程之前,我们应当先简要地考量汉代(公元前206—公元220)中国的社会和文化,根据实情建立起一些基点,以便衡量和理解之后发生的变化。

汉帝国是以强力统一中国的秦的继任者,它以中国北方的平原为中心，在这之前，这片土地上已有一个至少肇始于1500年前的可辨识的中国文明。南中国，长江流域及其以南，是居住着土著的极不开化的蛮荒之地。在遥远的南方，汉朝的戍军控制着北印度支那，中国对于整个南方的扩张刚刚开始。汉帝国的西方和西北方铺展到草原和沙漠地带，在那里，中国人试图用战争或外交掌控帝国的通道。标志着中国农业边界的长城保护着帝国的北方。长城之外是养育了另一个与其敌对的生活方式的草原。在遥远的东北方，汉帝国在今天朝鲜平壤的附近建立了一个繁荣的殖民地，它维持着对南部的控制，这片土地位于该殖民地和长城靠海的终端之间。

汉帝国的社会秩序基本上是一个有着两个阶级的系统。旧封建贵族统治的崩溃先是部分地由实现了统一的秦帝国（公元前221—前207）对封建制度的扫荡式清算所造成，最后完结于贵族在推翻秦政权的内战中的失败。有着平民起源的汉朝政府将官爵和土地封赏给宗室大臣们，但或予或夺都取决于皇帝的兴致。那些封建政府的官员、东周时期逐步形成的氏族地主，和在新帝国中通过买卖或垦荒获得土地的人，成为汉代的精英阶层。他们有求知所需的富贵和闲暇。他们为汉朝的第一位皇帝提供自己的知识和技能，自此以后，他们作为官僚政府的设计者和职能人员、文化遗产的保存者和解释者,以及全国和地方的新社会秩序的守卫者继续工作而巩固自身的地位。他们之下是生活在乡村的农民,自主劳作或成为佃农,缴纳租金和税收,在从上方摊派下来的军事和公共工程中服役,生存在温饱的边缘上。

汉代是一个经济发展迅速的时代。荒田不断地开垦,人口也许增长到了5600万①。国际贸易繁荣,技术和艺术都有极大的提升。财富的增损在贸易与投机、采矿、炼铁、制盐中起伏。士族官员们(gentry-functionaries)始终努力抑制那些常常与帝国权力结盟的暴发户们。较为幸运的上层阶级的家族的生活变得越来越奢华。他们在自己的田产上,在城镇中,或者在都城中建造精巧的宅院,装饰以取自或远或近的奢侈品;他们的女人们穿着时髦,纵情享受最新的时尚。汉代中国是扩张的、忙碌而充满生机的、外向的。亚历山大·索伯(Alexander Soper)提出汉代生活的精神是:

---

① 这是公元156年的数字。参见毕汉思:《中国的人口普查》(Hans Bielenstein,"The Census of China"),载《远东古代博物通告》(*Bulletin of the Museum of Far Eastern Antiquities*,XIX,1947),第126页,第139—145页。

汉代是一个疆域扩张的时代,拥有巨大的新财富和新权力的时代,政治和经济责任得以增长的时代。这个时代现实的气氛没有给反社会的梦想太多恩惠。那些能说会道的汉代人——朝臣、士兵、官员或城镇居民,身处繁忙而成功的帝国中,着迷于如炫目盛会般的都市生活。对他们来说,皇宫是对想象力最显著的刺激,这一表明人类伟大的最佳的象征物,如今以超乎想象的辉煌、巨大、多样的规模耸立着。①

中国的新繁荣所带来的感官满足,并不仅限于那些领略了首都壮丽的人。下面是一个公元前56年被解职的官员对他退隐庄园的生活的描述:

田家作苦,岁时伏腊,亨羊炰羔,斗酒自劳。家本秦也,能为秦声。妇,赵女也,雅善鼓瑟。奴婢歌者数人,酒后耳热,仰天拊缶,而呼乌乌。其诗曰:"田彼南山,芜秽不治,种一顷豆,落而为萁。人生行乐耳,须富

---

① 亚历山大·索伯:《中国早期的风景画》(Alexander Soper, "Early Chinese Landscape Painting"),载《艺术通告》(The Art Bulletin, XXIII, 1941),第143—144页。

贵何时！"*是日也,拂衣而喜,奋袖低卬,顿足起舞。①

如果这就是汉代官员和士族们的急务和乐趣所在,那么汉代的思想有着一种罗马式的帝国实用主义的特征就毫不为奇了。② 在这个强健的社会里发展出的观念和价值的综合体是后世中国很多朝代的思想的关键。佛教渗入中国的第一阶段所遭遇到的,正是这个综合体和与之相伴的世界观。这个综合体是于特定的社会状况中得以成型,并在精英阶层的思想中取得权威性的。这提示出：尽管这一综合体令人赞叹地适应于帝国权力巩固和扩张的时期,但是它在一个崩溃与危机的时代却是不胜任的。

我们称之为汉代儒学的观念体系可以视作新的士族精英阶层对合理化新帝国秩序和他们自己在其中的位置这一

---

* 这首诗作者引文中没有。——译者注

① 《汉书》卷六十六。引自马伯乐:《土地政策史》(Henri Maspero, "Histoire des régimes fonciers")的译文,载《历史研究》(*Etudes historiques*, *Paris*, 1950),第158页。(此段引文选自《汉书》卷六十六的《杨恽传》。——译者注)

② 戴密微:《佛教在中国哲学传统中的渗透》(Paul Demiéville, "La Pénétration du Bouddhisme dans la tradition philosophique chinoise"),载《世界历史笔记》(*Cahiers d'histoire mondiale*, III, 1956),第20页。

问题所作出的知性反应。新秩序中的许多因素,比如世袭的君主制,不是由新的精英所设计,而是超出他们的控制,萌发于历史的发展。现在他们不得不作出理论解释;并且面对这样发展出来的复杂的新秩序,早先宣扬的儒学的简单教诫显然不适用或者不足够。这解释了为什么汉代的儒学设计者们(formulators)如此广阔地汲取非儒学的传统来发展时代和他们自己智力所需求的思想结构。我不相信汉代儒学可以被统统简化为权力系统的合理化这样一个"意识形态"。它是如此,但是它同时也是严肃、协调的努力,致力于理解、系统地安排人类有关宇宙、人类行为、文化以及作为其历史的过往文化的知识。

汉代孔门弟子所看到的宇宙,是这样一种包含一切关系的系统,即人、人类制度、事件和自然现象都以一种有序的、可预见的方式互相作用。缔造者们广泛地依靠比附来发展出这些关系的基本原则,也即是说,特定的自然中的层级被当作特定的人类关系和制度配置的模型。让我们转向这个系统中部分宇宙论的观念。

天、地和人被认为是不可分解的三位一体。董仲舒,汉系统的首席设计师,这样安置:"天地人,万物之本也。天生之,地养之,人成之……三者相为手足,合以成体,不可一无也。"① 由此而来,自然的和人类的事务就有即时的关联性,统治者既有宇宙的责任,也有人类的责任。

天被认为主管或指挥"阳"与"阴"这两个刻画、激活一切现象的互补的存在模式。如葛兰言(Granet)指出的,这个观念也许很早之前就已经从原始农耕生活里季节的交替中发展出来了。几个学派的哲学家进一步发展了这种观念,现在汉代的儒学家用其来说明和解释自然的和人类的事件。因此,阳被视为包括了男性、明亮、创造性的、太阳、东方等含义的存在模式,而阴则包括了与之互补而不是相反的现象,如女性、阴暗、退隐的、月亮、西方等等。在这个观念的帮助下,辅以同样是从儒家传统之外吸取的五行的概念,汉代人将所有现象分类组织到有秩序的层级之中,这个层级中的变化是用阴阳的互相消长和五行的有规则的更替来加以解释的。

可以用这些分类和运作的原理来分析的天、地、人三者,通过君主联结起来,"王"字中贯通三条横线的那条竖线

---

① 《春秋繁露》第十九章,译文引自即将出版的哥伦比亚大学的《中国传统资料汇编》(稿本)的秦汉思想部分,狄百瑞编(*Sources of the Chinese Tradition*, edited by William Theodore de Bary),第7页。

正是君主的象征。作为天之子,统治者与仪式的适时履行有关,与天文学和历法有关,与响应各种可以被解释为反映了上天的赞同或反对的现象有关。在与大地的关系中,统治者要通过监督做出妥当的农业安排来确保风调雨顺、五谷丰登,实现这个的途径之一是公布一部建立在天象观察的基础之上的农业历法。另一个方法是建立恰到好处的关于土地使用、税收和(交换大地的慷慨果实的)贸易的政策。在做这些的时候,他就转到了人的领域。此时他必须首先关注他的臣民是否有足够的谋生手段,因为人只有在满足了物质需要后,才能在德性上完善自己。一旦这个实现以后,统治者要通过传授礼、乐和道德规范来教化他的子民。因为人的天赋是不等的,所以只有少数人能够把这个过程贯彻到超凡入圣的圆满境地。统治者对人民的责任包括促进这少数人的道德和学问的完成,以及用这些完人为国家服务。他们将使整个社会完善。

如果这是人对自己和周围的世界的观点,那么是什么权威认可这样的观点并提供了应用它们的钥匙?董仲舒的回答是:在古代智慧的精华——经典中:

> 君子知在位者不能以恶服人也,是故简六艺以赡养之……六学皆大,而各有所长。诗道志,故长于质;

礼制节,故长于文;乐咏德,故长于风;书著功,故长于事;易本天地,故长于数;春秋正是非,故长于治人。①

请注意,在推重"六经"的时候,董仲舒提出:它们与那些君王可能被引诱去施行的邪恶方法相比是更为可取的。这些邪恶方法的例子有:任用没有教养的官员,使用武力,颁布划一而严峻的律法。其中的任何一种都会威胁到新的士族精英阶层仍然脆弱的权威。但是,如果君王,比如汉代的皇帝们,想要使经典中表述的原则成为国家意识形态和教育的基础,那么他如何确立这些原则能胜过对立的学说,并被正确地解释和应用呢?董仲舒又提供了答案:统治者镇压离经叛道的学说,并建立一个国家支持的教育中心,合格的儒家导师在这个教育中心里传授正统思想;而且,让如此获得的正统知识成为任命官僚职位的基础,通过官僚机构,受过正统教育的人可以在整个社会中最大限度地传播被认可的教导。在汉朝,这些原则逐渐获得了制度形式。到了东汉时,太学招收的学生人数已经超过了30000人。官员们正是从这个群体中选拔出来的。度过了无数压制与

---

① 《中国传统资料汇编》,第1章,狄百瑞汇编稿本,第12页。(此引文出自《春秋繁露·玉杯第二》。——译者注)

挑战的孔门弟子,已经为他们自己及其学说在汉代世界里赢得了优势。在思索这些学说的一些影响之前,我们先暂时探讨一下他们是如何,又是为什么胜出的。

首先,汉代的儒家学说从许多学派的教导中丰富了自身。它吸收道家的思想,合理化了自然中的人;结合了荀子关于人性本恶的观点,据此至少认可了最低限度的法律约束,没有这种约束,中国的皇帝休想进行任何统治;它已经从多种来源中创造出一个新的帝国权力的基本原则。它就是这样让自己适应了汉帝国的现实。这些调和的基础是儒家士族与帝国政权的共同利益。二者都强烈地反对分封制的复苏——那会剥夺士族和君主艰难赢得的特权。君主和儒家都要求合理化新的国家和社会的教条,这样才能确保稳定。儒家发展出这些,君主以法令将之制度化。士族需要一个能够保证他们占有土地和获得权力的秩序,皇帝们需要官员、土地管理者和征税者。汉代儒家发展了包括以农为本在内的政治经济原则,理顺了这些关系,而且君主赋予这些原则以制度的力量。

我们勾勒出的这些互惠的利益所支持的系统,在形成和限制汉代思想方面产生了深远的影响。我们仅能在这一章有限的篇幅内提出其中的一部分。比附式的推理,对同等性的强求被推到极致。过去朝代的更迭被运作成证明五行的不变序列。政府的部门分成等级,一个服从另一个,每个等级分别与五行中的一个元素相联系。① 仪式的法令被改写以使其季节和履行与宇宙秩序相联系。皇帝在宇宙中的位置在宇宙性殿堂("明堂")的详尽规范中得到精致的发挥,在那里,所有等级秩序的原则都被象征性地表现出来。

孔子,这位春秋时期鲁国的谦逊的老师,被神化为他从未梦想过的一个统一帝国的先知和守护神。古老的典籍遭到生拉活拽、篡改、"诠释",以便伪造出一种与这些书的时代和作者不相符的一致性。本来只是古代占卜的原始文献的《易经》与孔子联系在一起,从而变成了各种各样比附式构造的权威。早先的人们在其中咏唱他们的希望与畏惧的《诗经》被歪曲,为已获许可的道德准则提供权威。② 新的"经",比如《孝经》,甚而把孔子改造成葛兰言所说的盲从式道德的守护神。

看起来极好地服务于君主和精英需求的帝国儒学,最

---

① 《春秋繁露》第五十九章,狄百瑞汇编稿本第34—37页。
② 海陶玮:《韩诗外传:韩婴为〈诗经〉的教诲性用途所给出的示例》(J. R. Hightower, *Han-shih wai-chuan*: *Han Ying's Illustrations of the Didactic Application of the "Classic of Songs"*, Cambridge, Mass., 1952)。

后却被证明有几个致命的缺陷。它在比附推理方面走得太远，招致了无神论者和自然主义者的批判，从而使整个高度衔接的结构都被置于怀疑之中。王充（公元27—97）的抨击开始了这个侵蚀的过程。关注稳定和等级的汉代儒学逐渐僵化为专注于权威经典解释的争论和诡辩的繁琐哲学。这削弱了它自我更新的容受力和解决社会及政治环境的变化所产生的无论是智力的还是实际的新问题的能力。而且这个思想体系已经与汉代的制度秩序完全交织在一起。当那个秩序开始崩溃时，儒学也就被削弱了；当汉帝国垮台时，儒学就彻底地不足信了。

公元2世纪的社会与政治变动加大了汉代社会结构和思想结构中的裂缝。我们将在下一章中追踪这些变动带来的影响，不过在这里先简要地勾勒一下也不无裨益。一个有深远意义的变化是汉室皇权的削弱。汉代儒学把皇帝尊为宇宙的轴心，但实际上东汉的皇帝常常沦为对立集团操纵的傀儡和贪婪的权力斗争中可怜的人质。这些统治者成了已经变化的社会政治秩序的牺牲品，而这个秩序中的种种势力是他们的前任们曾奋力掌控的。一些有雄厚基础的旧士族世家因为长期掌握权力而在政治上固若金汤，他们的土地和财富持续增长，终于占据了广阔的地域，拥有了成千上万的佃农和奴隶。那些通过贸易聚敛了大量财富的家族一方面买官鬻爵,另一方面兼并越来越多的田产土地。另外一些权势家族是由太监或嫔妃的亲戚们建立的,外戚们利用自己与王权的接近大肆扩张。这些或新或旧的豪姓巨族把越来越大的权力紧抓在手中。他们尽力独占职位,为了他们自己及其追随者的利益而操纵官员选拔制度。他们的巨大产业在经济上自给自足,既是商业和制造业的中心,又是农业的中心;他们支配着大量的依附者,这些人耕种他们的田地,维持他们奢侈华丽的屋宅,还可以武装起来,或者进行防御,或者延续他们主人的世仇。事实上,帝国已经被诸多相互竞争的权力中心撕扯开,这些权力中心对来自首都的任何可能威胁到他们的秩序越来越不屑一顾。

在这个过程中,拥有土地的农民的生活在最好的情况下也不过是劳苦,他们发现自己陷入了可怕的窘境。随着豪户巨产的增长,加在他们头上的赋税负担越来越难以承受,而他们可选择的余地则极其有限。许多农民选择依附于强大的地主,成为大田产的劳工或佃农。另一些农民落草为寇,然而这是一种没有保障的生活。由于赋税、饥馑灾荒或者洪水而被迫离开村庄、依靠救济而活的为数甚巨的人们,成为叛乱起义时招募士兵的潜在来源。有人估计,公元107至126年,洛阳地区靠救济生活的流民与农民相比要多出 100 倍。① 农民,理论上是经济的中流砥柱,并且是有道德教养的官员给予父辈般关爱的对象,实际上已成为遭受蔑视的对象。下面的文字呈现了农民令人心痛的状况:

> 博徒见农夫戴笠持耨,以芸蓼茶,面色骊黑,手足骈胝,肤如桑朴,足如熊蹄,蒲望陇亩,汗出调泥,乃谓曰:"子触热耕芸,背上生盐,胫如烧橡,皮如领革,锥不能穿,行步狼跋,蹄戾胫酸。谓子草木,支体屈伸;谓子禽兽,形容似人,何受命之薄,禀性不纯?"②

当农民经济的危机加深,而且社会的及政治的不和信号大家都触目可见时,三种反应便出现了:一种是围绕皇权

---

① 参见杨联陞:《东汉的巨族》(Lien-sheng Yang, "Great Families of Eastern Han"),约翰·弗朗西斯(John de Francis)和孙任以都(E-tu Zen Sun)译自汉语,载《中国社会史》(Chinese Social History, Washington D. C., 1956),第113页。

② 参见杨联陞:《东汉的巨族》(Lien-sheng Yang, "Great Families of Eastern Han"),约翰·弗朗西斯(John de Francis)和孙任以都(E-tu Zen Sun)译自汉语,载《中国社会史》(Chinese Social History, Washington D. C., 1956),第112页。引自崔骃写于公元89—106年间的一篇文章。原文参见《全上古三代秦汉三国六朝文》(1894年重印),第44章,第5页。(此引文出自崔骃的《博徒论》。——译者注)

的权力斗争加剧,一种是知识分子努力针砭时弊,一种是农民阶层中巨大的疏离和反抗。这三种反应在汉代最后绝望的年代里和衰弱的后继政权中产生了各自的后果。它们留下一个根基已动摇、撕裂的社会,这样的社会成为异域思想和制度得以植入的极有希望的温床。

第二章　准备时期

约公元 65 年至 317 年

一位诗人官员于公元 130 年左右的描写，为我们再现了一幅西汉首都长安的帝国狂欢的景象。在描写了快活的欢宴过程之后，他说到跳舞的女子们：

> 振朱屣於盘樽，奋长袖之飒纚。要绍修态，丽服飏菁。眳藐流眄，一顾倾城。展季桑门，谁能不营？①

---

① 张衡(78—139)，《西京赋》，《文选》第二章，第 59—60 页。和田清教授认为这是佛教进入中国的第一个偶然证据，是佛教当时存在的最早的无可争议的证据。参见其论文《关于佛教向东传入的日期》，(Wada Sei, "Concerning the Date of the Eastward Transmission of Buddhism")，载《佐佐木教授古稀纪念祝贺论文集》(东京，1955)，第 491—501 页。然而公元 65 年楚王英举行的佛教仪式是无可怀疑的。参见马伯乐：《汉明帝的梦和使节》(H. Maspero, "Le Songe et l'ambassade de l'empereur Ming")，载《法国远东学院通报》(Bulletin de l'École Française d'Extrême-Orient, X, 1910)，第 95—130 页。

在字里行间我们得知佛教僧人是长安生活所接受的一部分,他们禁欲的生活已经知名到成为诗人刻画的形象。还有另外的证据表明,此时的佛教慢慢地进入中国已经超过了半个世纪。然而尽管如此,在这些早期的年月里,仍然极少有佛教影响中国的生活和思想的印迹。当我们为此寻找解释时,我们发现,在两个截然不同的层面上,佛教的影响得以扩大的前提条件还没有形成。一个层面是汉代思想和制度的综合体的崩溃还没有孤立各个阶层的中国人,从而使他们易于响应新的、尤其是来自于异域的思想和制度。另一个层面是佛教还没有完成最初的适应进程,以使它更易于为中国人所接近和理解。这两个过程是本章的主题。当我们来到3世纪末时,我们会发现有理由称这个时期为准备时期。

当我们继续讲述汉代思想制度综合体衰落和崩溃之际,首先应当考察正在逐步深化的危机,这一危机影响了精英阶层的生活和思想,进而影响了农民大众的崩溃。

在2世纪的后半期,围绕着衰朽的汉帝宝座展开的多边权力斗争变得越来越剧烈。① 财富和权力都固若金汤的家族警视着那些新家族的兴起,这些新兴家族的贪婪攫取没有受到任何要承担国家福利这个义务的检束。其中许多家族在皇后的袒护下建立起自己的地位,他们为了自己的私利操纵帝位的继承。宦官们,这些统治者的私仆,运用他们近水楼台的位置聚敛财富,坚固宠爱,如白乐日(Etiene Balazs)所指出的,他们这样做不仅是为他们自己的亲戚,也为了数目可观的客户群:商人们和制造业主。宦官及其集团的贪婪与外戚家族不相上下。

与这些权力集团相对的是汉代初期已经索取并合理化了他们的公共权力之路的地方学者士族。当他们被首都的竞争集团不断地剥夺权力时,他们寻求联合起来检查并修补他们衰落的时运。他们不停地鼓动改革,他们的声音——对对手的谴责,对厄运的预言,反对奢侈浪费和政府不公的大声疾呼,回荡在首都和地方上。他们对腐败官员的批判呈现为人品评议("清议")的形式遍及全国,这有助于将不满朝政者召集到士大夫的政治目标这边来。

---

① 下面相关的部分,我大量地吸取了白乐日杰出的文章:《汉末的社会危机和政治哲学》(Etienne Balazs, "La Crise sociale et la philosophie politique à la fin des Han"),载《通报》(*T'ong-pao*, XXIX, 1949),第83—131页。

豪族、宦官、暴发户和知识阶层这四个集团之间的斗争,在公元 166 年宦官反对知识阶层时,引发了暴力。诽谤、屠杀、暗杀,一系列无耻的行径削弱了整个的中国上层社会。由于权力利益的冲突、暴力仇恨与世仇和对财富的不断争夺而分裂的上层阶级无限制地压榨、欺凌农民百姓。当农村陷入更严重的混乱时,农民阶层没有任何依靠,在沉闷的不满中等待着集体反叛的时机。

在危机期间,反思的中国人反省他们的国家和社会的遭遇,思考他们所过着的不安定和不满意的生活。他们试图诊断时代的病症并寻求药方。在探索重估汉代价值和制度的初期阶段,他们推进了对汉代儒学的自然主义批判,但是他们不愿意放弃汉代思想制度综合体提供的所有有关秩序、层级和稳定的原则。因此我们看到的是儒学的人性化,脱去了汉代早期形成的宗教的和象征性的赘物,寻找一个新的内在的宇宙秩序原则,关注个体的人希望从中理解认识自身的道路。在这种需求下,许多思想家转向了长期被忽视的道家"经典"《庄子》和《道德经》。正是中国思想的这种传统——最初用以精炼和革新儒学——成为约公元 250 年以后的主流。

但是同时学者们也在复兴其他的思想派别,致力于提供对奄奄一息的汉代政体所患病症的解释,和修复一个可行的政体方案。纵横家吸引了争权夺利者的追随,而其他更有沉思性情的人转向长期被忽视的名家的著作,吸取他们的思想,还有他们辩论的技巧。法家或现实主义传统吸引了那些认为严峻和统一的刑法是除去国家弊端、恢复权威的唯一手段的人们。王符(约公元90—165)通过探索批判令他愤而退隐的社会时就走向了这种观点。崔寔(约公元110—?)从他在腐朽的政治结构里的激烈活动中形成了对儒家说教的反感,能与这种反感相提并论的唯有他对那些悠闲而又奢靡的闲职京官的憎恶。他的经历让他觉得:只有强力而统一的刑法能够重建国家和社会,而沉溺于古代礼仪只能陷于空洞,造成最终的崩溃瓦解。法家为病态社会开出的这样一副药方,直接或间接地使本已褪色的儒家传统更加受到怀疑。然而,还是群众造反和政治解体的大地震激起了对旧权威更深更广的攻击,最终使其几乎完全名誉扫地。

2世纪末的农民处于绝望的情绪中。正如我们前面已经提及的,流离失所的人数持续上升,严重的干旱和饥馑灾荒造成了更深的痛苦和不满。这时出现的领袖人物为被压迫和困惑的农民提供了很多东西:以大众化的道教崇拜为中心的宗教信仰;宗教性团体的安全感;在团体中的职务和前途;地方上经过改造的稳定社会。道教的领导者建立起我们可以称之为亚政府(sub-governments)的政体,为百姓带来汉政府已长期无法保障的生活必需。新的组织成长并蔓延到帝国的许多地方也就不足为奇了。有资料说中国东部一个道教团体的领导者控制了八省——占当时帝国的2/3——的群众联盟。① 当道教的领导阶层巩固了他们的权力时,就开始控制足够的资源以挑战已经很虚弱的汉政府。他们这么做了:184年在东部,189年在西部,爆发了黄巾起义。

汉朝廷内讧的派系暂时地团结起来,组织军事力量镇压对他们特权地位的威胁。随之而来的是大屠杀,流血飘杵,千里荒芜。汉军队取胜了,但是,相互敌对的派系之间不但没有统一起来恢复有序的政府,反而互相攻击。士大夫与贵族世家联合清算宦官及其追随者,然而政府的组织和权威已被彻底地侵蚀了,权力转移到一系列强悍的军事冒险家手中,他们在与黄巾军的战争中建立了个人的军队和根据地。如白乐日所说:"一群衣衫褴褛、饥肠辘辘的雇佣兵、流民、囚犯、无地的农民、闲散文人、无法无天的人,他

---

① 参见李豪伟:《汉末黄巾教与起义》(Howard S. Levy, "Yellow Turban Religion and Rebellion at the End of Han"),载《美国东方学会会刊》(*Journal of the American Oriental Society*, LXXVI, 1956),第214—227页。

们主宰了30年的舞台。"① 曹操,这些豪族军事冒险家中的一员,最终获得了中国北方的控制权,可是他重建一个统一集权国家的努力,最终被豪族挫败。这些拥有巨大田产的豪族在汉朝衰落的年月里加固掌控了地方的财富和权力。晋朝在265年从曹操的后嗣手中夺取了权力,与豪族保持和平。但是由于认可一定程度上再分封(refeudalization)的既成事实,晋朝作为一个中央政府的有效性不可避免地被侵蚀了。它无力进行必需的经济和社会改革。很快,史称"八王之乱"(290—306)的来自多方面的对继承权的争夺削弱了晋朝。于是,在4世纪初中国北部的大部分地区,对那些饱经饥荒、瘟疫、干旱和饥民大流窜的蹂躏的广大地域,晋朝只维持着聊胜于无的统治。

　　这一系列黯淡的事件将曾经辉煌的帝国变为废墟。经济上,这个帝国已经从汉代繁荣的景象一落千丈。社会四分五裂。占有大量土地的豪族肆意地驱使大量愤懑的农奴劳作,少数士大夫世家在穷困不宁的条件下,还摇摇晃晃地墨守着他们残碎的传统。政治上虚弱不稳的帝国成了内部分裂和外来威胁的猎物。汉代的普遍秩序事实上已经崩溃瓦解了。正是这个崩溃,如我们前面指出的,为佛教传遍汉

---

① 白乐日:《汉末的社会危机和政治哲学》,第91页。

人的世界提供了可能。

在转而说明佛教如何同步地为它的扩张做好准备之前,我们先简要地探讨那些善于深思的中国人是如何持续地分析他们病态的社会,并为他们的难题寻求解决之道的。因为正是这种对生命和思想的新基础的急切需求,为佛教在精英阶层的传播创造出了有利的风气。

在汉代衰落危机里复兴的所有哲学中,道家在随后的社会和政治大灾难中被证明为最有吸引力。这一代思想者逐步地、不情愿地放弃了将儒家传统的秩序等级观念和他们在道家哲学经典中重新发现的那些思想融合到一起的努力。随着恢复汉代秩序的希望的消退,随着儒家观念成为四分五裂的中国残暴而无能的统治者的意识形态的一部分,精英阶层的兴趣便直接聚焦在道家的思想上。在道家经典里,他们寻找着他们的集体困境(collective plight)的线索、危机中文明困惑的答案,以及在黑暗变乱的时代中一个思想者的处世之道。随着他们这种探寻的持续,他们对早期儒家思想的反对变得尖锐、彻底。下面是对旧儒家有关完美君子的陈词滥调的一个辛辣批评,强调其不能适应一个滔天剧变的时代:

独不见群虱之处裈中,逃乎深缝,匿乎坏絮,自以为吉宅也。行不敢离缝际,动不敢出裈裆,自以为得绳墨也。然炎丘火流,焦邑灭都,群虱处于裈中而不能出也。君子之处域内,何异夫虱之处裈中乎!①

这些痛苦幻灭的人们彻底地反对声誉扫地的规矩和习俗,然而,他们在道家传统中所寻找和找到的又是什么呢?他们发现和找到的具有无法抵御魅力的核心观念是"自然",如白乐日指出的,"自然"有三个相关联的含义:(1)没有人的干预的自然:自身永存的平衡的自然秩序;(2)个体的自发的自由:天赋的,如其所然的,自然的人所有的,不受习俗约束的;(3)"绝对":"道"的另一个名字,给万象赋形的和谐活力的原则。②

---

① 《晋书》第四十九章,第6页b。在白乐日的译文的启发下,我修改了我以前的翻译;白乐日的译文见他的论文《介于虚无主义的反抗与神秘主义的入侵之间——公元3世纪中国思想潮流》(Balazs, "Entre Révolte nihiliste et évasion mystique: Les Courants intellectuels en Chine au III siècle de notre ère", *Etudes asiatiques*, II, 1948, 40)。(此引文见《晋书·列传第十九》中的阮籍传。作者的译文在"自以为得绳墨也"之后,多"饿时咬人一口,以为无尽之美食"一句。——译者注)

② 参见白乐日《介于虚无主义的反抗与神秘主义的入侵之间》,第34—35页。

那些将思想专注在这个原则上的人们以多种方式表达他们自己。在最为智性的层面上，他们才华横溢地探讨生命的本质和他们身边的社会及个体的痼疾。他们以一种名为"清谈"的对话或会谈的形式进行。在清谈中，词汇和暗喻——问题的范围——是由他们认为最富意义的三本书《庄子》《老子》（《道德经》）和《易经》来确定的。他们也通过举止行事表达自身，并且如人们所期望的，这通常意味着对权威、社会习俗和家庭道德的戏剧性的蔑视。他们宣称"自然"胜于他们那个腐败的社会中明显无用的人为规则：

> 刘伶恒纵酒放达，或脱衣裸形在屋中。人见讥之，伶曰："我以天地为栋宇，屋室为裈衣，诸君何为入我裈中！"①

尽管新道家们有聪明才智和勇气，但是他们找不到重

---

① 刘义庆(401—444)，《世说新语》第二十三章，第 29 页。关于刘伶和他的同代人，见侯思孟的《嵇康的生活与思想》，(Donald Holzman, *La Vie et la Pensée de Hi K'ang*, Leiden, 1957)，及《竹林七贤和彼时的社会》(" Les Sept Sages de la Forêt des Bambous et la société de leur temps")，载《通报》(*T'ong-pao*, XLIV, 1956)，第 317—346 页。

建一个良好社会的积极办法。随着时间流逝,一些人避入纯粹的空想,一些人与他们所鄙视的腐败的暴君达成玩世不恭的和平。240年至260年新道家思想盛放之后,它创造性的生命力衰退了,它的观念成为豪富权贵们在宅邸中优雅交谈的话题。它讨论的模式——清谈不再是探索的工具,而是闲观中国深陷混乱的那些空虚又愤世的权贵们的玩意儿。魏礼描写了其中的一位尚书令,在他的统治下,整个中国北部最终落入蛮族之手:

> 他出身于中国最著名的家族之一,祖上历代高官。他以出众的美貌,尤其是莹白如玉的双手而著称。他赞同这样的理论:尽管出类拔萃的人物通过对虚无(借用萨特的顺手的术语)的崇拜可以获得超凡的能力,但对次一等的人们(他谦虚地把自己算在其内)来说,只要他们通过对虚无的崇拜设法(在乱世里)保全了性命,那么就应满足了。他尽力对一切都采取消极的立场,任自随波逐流。①

---

① 魏礼:《洛阳的陷落》(Arthur Waley, "The Fall of Loyang"),载《今日历史》(History Today, No. 4, 1951),第8页。

这表明了中国北方陷落前夕弥漫在精英阶层中的气氛。我们将在下一章中看到这场陷落的灾难,它给随后的数百年带来了心理的、社会的和文化的无法估量的后果。显然,汉代体系的最后瓦解及其未能为新秩序寻找一个可接受的基础,提供了种种条件让一个外来的宗教有望找到其追随者。

贯穿汉代秩序衰落和瓦解的时期,佛教慢慢地传播并扎根于遍布帝国的各个分散的中心。这些中心的地理分布证明一个事实,即:佛教从印度伊朗及中亚的西域诸国,沿着从这些王国到中国(严格意义上的)之间的商贸路线传播;在中国内部,这个新宗教也是沿着国内贸易和交流的主要路线流布。许多早期弘法者的名字清楚地表明他们来自于中亚重要的贸易中心。西北的贸易中心敦煌早期是一个佛教中心,在长安和洛阳,在山东南部和安徽,在长江下游,在现在的武昌附近,都有早期佛教团体存在的证据。在遥远的东南海岸,印度商人将佛教带到了中国的边远地区交州。

在佛教缓慢渗透的早年里,它没有影响我们描述过的主要的社会和精神运动。没有证据显示新道家伟大的思想家知道佛教,同时在不满的百姓中传播的道教完全是土生的。早期给予佛教有限资助的中国帝王将相们曾听劝说者说佛陀也许是一位有足够能力的值得邀宠的神，常常称其为"黄老浮屠"，这个名字表明其敬拜者将其视为正在发展壮大的道教诸神中的一员。* 早期传译不成熟的佛教著作的翻译范围表明，这个外国宗教吸引少数中国人的是它关于获得神通、不死或救度的新奇表述，而不是它的思想。早期的佛教通常被认为是道教的一个派别。而且确实，如马伯乐指出的，道教团体有助于传播某些佛教的象征和崇拜，因此扮演的角色有些类似于帮助早期基督教在罗马世界传播的犹太团体。

记住这些相当不利的开端，现在让我们暂时停下来，思考一下文化的鸿沟，必须先在这个鸿沟上架一座桥，才有可能使中国人理解这个印度宗教。没有哪种语言的差异比中国和印度之间更大了。汉语是非屈折的、语标的，而且（在书写形式上）很大程度上是单音节的，而印度语言是高度屈折的、字母的、多音节的。汉语没有系统化的语法；而印度语言，尤其是梵语，有规则的、高度精致的语法系统。当我

---

* 正如杨联陞先生在此书的书评中善意指出的，佛陀在汉代音译为"浮屠"，受到那些信奉黄老的人的敬拜，并不是佛陀被奉为"黄老浮屠"，而成为道教的一位新神。杨先生的书评见《哈佛亚洲研究期刊》（*Harvard Journal of Asiatic Studies*）第 23 期，1960 年至 1961 年，第 215—217 页。——译者注

们转向文学模式时,我们发现中国人喜欢简洁、求相似的隐喻、具体的形象;而印度文学往往是散漫的、比喻夸张的,并充满了抽象。与丰富斑斓的印度传统作品相比,中国文学表达的想象的范围,甚至在道家经典中都要有限得多,世俗得多。

对于个体的态度,两个传统在佛教进入中国的开始时就是截然相反的。中国人很少有把人格解析为各个构成部分的倾向,而印度则有高度发展的心理分析科学。时间和空间的概念也有显著差异。中国人倾向于视二者为有限的,通过生命周期、世代或政治纪元来计算时间。而印度人则认为时空是无限的,倾向于以宇宙的永劫,而不是以地球生命的单位来思考。

两个传统最关键性的分歧在于他们的社会和政治价值观。家族主义和特殊主义(particularistic)伦理即使在大动乱的时代也持续地影响着中国人,而大乘佛教教导普世的伦理和家庭之外的解脱的教义。中国的思想家长期致力于提供良好社会的方案,而印度和佛教思想则尤其强调彼岸目标的追求。

在3世纪,当中国人的观念和价值的确定性遭到越来越多的侵蚀时,这些文化的鸿沟开始得到了架通。正是在此时期,佛教开始了真正适应中国文化的长期进程,准备为所有阶层的中国人更宽广、更全面地接受。

我们第一次听说佛教崇拜和一个社群的社会活动结合在一起是一个汉朝的地方官员的例子。191年他在江苏北部建造了一个寺院,为群体提供福利服务,以解除一些贫穷又消沉的农民的病苦。① 值得注意的是,这个短暂尝试开展的地区刚成为黄巾军异议和造反的中心。从这个团体粗略的记录可以大概地看出佛教适应中国地方社会的模式的一些方面,这个模式在随后的数个世纪中有了更全面的发展。

早期翻译佛教经典的努力是在困难的条件下开展的。这项工作的赞助者既迷信又反复无常,战争和造反屡屡中断这样的事业。早期的弘法者对汉语所知甚少,他们的中国助手们不懂印度或中亚的语言。散布的各个佛教中心之间的交流很少,因此翻译者也很少能借鉴他人的经验。这些工作使人想起中国早期的基督教传教士,二者都满怀希

---

① 见汤用彤:《汉魏两晋南北朝佛教史》,长沙,1938年,第71—73页。马伯乐指出这个团体与早期的由汉朝的楚王英(死于公元71年)培养的彭城道佛团体可能在历史上是相互有关联的。见《洛阳佛教团体的起源》("Les Origines de la communauté bouddhiste de Lo-yang"),载《亚洲学刊》(*Journal asiatique*,CCXXV,1934),第91—92页。

望地汇聚了信仰、热情和无知,二者的结果都是以极不完善的翻译将外国的思想引进中国。一点点地,翻译的技巧提高了。但是直到286年,据戴密微的观点,才出现了一个译本,使中国的文人得以接触和大致理解大乘佛教的深刻思想。① 这个译本出自于竺法护(Dharmaraksa),他出生在敦煌,自幼讲汉语。帮助他的是一对父子——两个中国的居士,他们是中国最早的严谨的佛教注经者。虽然他们的努力不准确,还在摸索,但是他们以中国的术语解释佛教的思想,开启了长期而重要的中国注疏的传统。

　　这些早期的努力——口头宣讲、书面翻译和注疏,以中国的语言和比喻呈现佛教思想,必然极重地依赖本土传统中的术语和概念。佛教被设法"翻译"成了中国人能够理解的语言。新道家的术语最适合用来尝试翻译极抽象的佛教概念,儒家经典也很有用,尽管它作为国家正统的权威在消退,但是人们还在持续地研究它。因此,比如古老的、备受尊重的"道"字这一道家的核心术语,有时用来翻译佛教术语dharma("教法"),在另外的地方用来翻译bodhi("觉

---

① 见戴密微:《佛教在中国哲学传统中的渗透》(Paul Demiéville, "La Pénétration du Bouddhisme dans la tradition philosophique chinoise"),第19—38页。这是竺法护所译的一个般若经的本子。

悟"),或者是 yoga("瑜伽")。道家称呼神仙的术语"真人",用来翻译佛教名词 Arhat("完全觉悟者");"无为"用来翻译佛教表示最终解脱的术语 nirvāna("涅槃")。儒家的措辞"孝顺"("子女的谦恭和顺从"),用来翻译更为普遍和抽象的梵语词 Śīla("道德规范")。*

在翻译的过程中,一些视为冒犯了儒家道德的段落和措辞被删改或省略了。故而一些词如"亲吻"和"拥抱"——印度对菩萨表示爱与尊敬的姿态,被完全清除了。这些早期的翻译改变了佛教给予女性和母亲们的相对较高的地位做法。比如"丈夫赡养妻子"变成了"丈夫控制妻子";"妻子安慰丈夫"变成了"妻子畏敬丈夫"。①

这些例子足以说明通过"翻译"使佛教适应中国听众的

---

* 这些术语后来较为通用的对应译词分别是:dharma:达磨,法。bodhi:菩提,觉。yoga:瑜伽,相应。Arhat:阿罗汉,应供。nirvāna:涅槃,寂灭。Śīla:尸罗,戒。——译者注

① 中村元:《儒家伦理对中国佛典翻译的影响》(Nakamura Hajime, "The Influence of Confucian Ethics on the Chinese Translation of Buddhist Sutras"),见《中印研究——李华德纪念文集》,(*Sino-Indian Studies: Liebenthal Festschrift*, Santiniketan, 1957)第 156—170 页。戴密微注意到《那先比丘经》(*Nāgasena-sūtra*)中 Śīla 译为孝顺,载《通报》(*T'oung-pao*, XLV, 1957),第 263 页。

微妙方式。一种更正式也更公然的改造是名为"格义"(概念匹配)的系统。这个流行于二三世纪的方法,或许在佛教口头的教义宣讲中受到欢迎。"格义"的特点在于选择佛教的概念组并以相类似的本土概念组与之匹配。我们注意到汉代儒家较早期的倾向是用五行、五色等概念分析现象。"格义"继续这个进程来"解释"印度观念,不仅用常见的术语,而且也用常见的数字组来表达未知。例如,佛教的四大为了解释的目的而与中国的五行"配对",儒家的五个德行标准"五常"等同于佛教居士的"五戒"。这些匹配很多都是牵强的。以一位佛教僧人写于5世纪早期的话来说:"汉末魏初……寻味之贤,始有讲次,而恢之以格义,迂之以配说。"①

另一种改造和解释佛教以适应中国人的方式是护法文。这种著作通常为外来的系统辩护,不仅赞扬它的优点,

---

① 参见汤用彤:《论格义——最早的印度佛教和中国思想综合的方法》(T'ang Yung-t'ung, "On 'Ko-yi', the Earliest Method by which Indian Buddhism and Chinese Thought were Synthesized"),见《哲学比较研究——拉达克里希南六十寿诞纪念文集》(Radhakrishnan: *Comparative Studies in Philosophy Presented in Honor of His Sixtieth Birthday*, New York, 1950),第276—286页。我的翻译根据慧睿(352—436)的《喻疑论》(《大正藏》第五十五册,第41页中),与汤教授的稍有不同。

而且还指出它与本土的思想和价值相一致或为其补充之处。护法文对于研究两种传统的相互作用有特殊的价值,因为感觉有必要辩护之处往往是两种观念系统冲突最大的地方。保存下来的最早的护法文由一位为了躲避家乡社会和政治的剧变而逃至交州(现代越南北部*)的中国学者型官员写于2世纪末,他的著作是一种佛教不得不调和或者适应中国传统的扼要百科全书。在问答体中,他对比外来传统的主张和本土传统的主张,家庭主义和出家生活,中国中心主义与印度中心主义,中国经典中与佛教经典中的仪式和行为规定,中国审慎的经济和佛教的慷慨,中国人的人是有限存在的观念和佛教的轮回观。他对佛教的辩护很柔和机捷,从不同的儒家和道家的经典中寻找看起来支持佛教信仰或修行的段落。最后,提问者指责他:

> 问曰:子云经如江海,其文如锦绣。何不以佛经答吾问,而复引诗书,合异为同乎?

---

* 此处原文是 Chiao-chou,现代的 Tongking,这是指交趾,原为古地区名,泛指五岭以南。汉武帝时为所置十三刺史部之一,辖境相当于今广东、广西大部和越南的北部、中部。东汉末改为交州。——译者注

辩护者回答：

> 吾以子知其意故引其事。若说佛经之语，谈无为之要，譬对盲者说五色，为聋者奏五音也。①

这种用已知的术语解释未知的方式在准备期是很普遍的。把它看成是这些同一信仰的分散的辩护者、弘法者和本土传播者的一个共同的策略将是错误的，但是他们都有一个共同的倾向，即将外来的东西嫁接到本土的根上。他们也许随顺了耶稣会白晋神父(Jesuit Father Bouvet)写于一千四百年之后的声明："我相信让中国人的精神和心灵拥抱我们神圣的宗教最适合的事，是让他们看到它与他们古老而正统的哲学的一致性。"②

正如我们在考察旧秩序的崩溃中提出的那样，继之而

---

① 这里翻译的《理惑论》的原文见《大正藏》第五十二册，第 5 页。参见伯希和的翻译《牟子，或解除的疑惑》(Paul Pelliot, "Meou-tseu, ou Les Doutes levés"),载《通报》(*T'oung-pao*, XIX, 1920)。此段亦见于《中国传统资料汇编》的第 15 章稿本。

② 日期为 1697 年 8 月 30 日的信,引自亨利·伯纳尔-梅特里的《中国智慧和基督教哲学》(Henri Bernard-Maître, *Sagesse chinoise et philosophie chrétienne*, Sien-Sien, 1935),第 145 页。

起的年代是充满质疑、对社会和精神不满的年代,这使得所有阶层的中国人能够接纳各种各样的新思想和新意见。佛教更容易适应这样的状况,而不再是从前那个紧密闭合的汉代体系。

在这一章的结尾,我们简要地概括一下在3世纪和4世纪初日渐有利的社会和精神氛围中,佛教所取得的进展。第一位中国佛教徒朝圣者到达了西方并取回了圣典。来华的外国译者越来越多,中国人学会更有效地与他们一起工作。翻译典籍的卷册稳定地增长,到公元220年为止,平均每年翻译2.5部著作,而在265年至317年间,上升到了平均每年9.4部著作。① 早期译经的范围狭窄,没有代表性。到了3世纪末,多种小乘和大乘的典籍都有了译本。般若经已经传入,后来成为净土信仰基础的经典首次有了汉语翻译,第一次有了出家和寺院生活的基本戒规。佛教的梵呗已传入,尽管传说这是一位曹魏皇室王子的功绩最近受

---

① 无论佚失的还是现存的已知著作的总数采自大正藏《译经总录》(东京,1938),第11—17页。数目分别是:公元65年至220年间为409部,220年至265年间为253部,265年至317年间为491部。

到了质疑。①

地理分布上,佛教继续扩展,到这一时期的结束之时,它稳固地确立于长江流域的中游以及北方旧有的中心。公元300年左右,佛教在北方的两个都城长安和洛阳的寺院达到180所,僧侣约有3700人。② 有迹象表明中国的建筑师开始将印度窣睹婆(stupa)的形式改造为塔,最终成为帝国风景的点缀;而雕刻家和画家则迈出了中国佛教艺术发展的第一步。

转入下一个时期时,我们将强调文化交互作用进程的连续性。没有急剧的断裂,而是在发展中的中国社会持续变化的脉络里,中国和印度的因素缓慢而复杂地交织在一起。

---

① 参见怀特克:《曹植与梵呗传入中国》(K. P. K. Whitaker, "Tsaur Jyr and the Introduction of Fannbay into China"),载《东方与非洲研究学派通告》(Bulletin of the School of Oriental and African Studies, XX, 1957),第585—597页。

② 《辩正论》,第3章,《大正藏》第五十二册,第502页。这个数字是西晋时期的,265年至317年。

第三章　驯化时期

约 317 年至 589 年

先生,最后一位皇帝——他们所说的——因饥荒而逃离洛阳,他的宫殿和围城陷入火海……故洛阳不再,邺城不再!

这些由一位粟特商人写给他撒马尔罕的同伴的话,记录了中国都城——有六十万人的壮丽城市——的毁灭,以及匈奴来到之前天子可耻的逃离。这是 311 年(永嘉五年),如魏礼指出的,它作为中国历史的一个转折点的标志性,可与哥特人在 410 年洗劫罗马相比。在随后的几年中,汉人丢失了他们的第二个首都和整个中国北部,他们文化的核心地区落入了匈奴手中。中央权力的持续侵蚀和地方的封建割据,既是因,又是必然之后果,逐渐地削弱了汉人对北方和中央地区的控制。那些为衰弱的皇权效力的颓废贵族们,既没有意愿也没有能力逆转潮流。王衍,最后一位尚书令(译者注:最高行政长官),有着莹白如玉的手,且沉迷于新道家的虚无(le néant)原则,被俘虏了。他向俘获者申辩说他对政治从来不感兴趣。据说胡人军队的粗暴首领责骂他:"君名盖四海,身居重任,少壮登朝,至于白首,何得言不豫世事邪! 破坏天下,正是君罪。"①

北方悲惨地陷落之后,汉人的精英成员大量地逃到长江以南,此后将近三百年的时间,国家在政统上一分为二,南方是汉人定都于南京的动荡王朝,北方是更迭不止的非汉族政权。在南方,汉人发展出新的文化。他们固执而自卫地墨守将他们与汉朝过往辉煌联系起来的每一线传统。而他们生活工作的地方曾是汉朝的殖民辖区,这里的原住民只是逐渐地转向汉文化。在气候、风景、作物、饮食、建筑和其他许多方面,南方都与北方平原——他们的祖先在那儿开始塑造独特的华夏文明——形成鲜明的对比。那些祖上的平原如今成了敌对的胡人首领们的战场,他们在那里

---

① 以上引自魏礼:《洛阳的陷落》(Arthur Waley,"The Fall of Loyang"),载《今日历史》(*History Today*, No. 4, 1951),第 7 至 10 页。同时期的粟特人的信,发现于敦煌西一个瞭望塔的遗址里,由亨宁(W. B. Henning)翻译。王衍与匈奴首领石勒会面的记录见于《晋书校注》,第四十三卷,第 25 页。这个对于石勒的指责也许是后世史家在北方陷落上的说教。

展开一系列的制度尝试,目的是为了使异族统治永久化并使汉人安于现实。因此在这个时期,佛教不得不适应两个发展中的文化,一个在北方,另一个在南方,两者各有不同的需要。下面我们将检视从分裂时期的开端至6世纪这两种相互作用的类型,此后它们以汇聚为伟大的独立发展时期的先声而告终。

南　方

当我们说到分裂期的长江流域及其以南地区时,我们必须从思想中抹去近世以来南中国人口稠密、精耕细作的画面。贵族和晋统治政权的残存者在4世纪早期逃到南京地区时,南方的人口也许只占中国的十分之一。这里虽然有了一些华夏文化及行政的中心,但是其周围大多是广阔的未拓殖地区,等待着华夏移民的缓慢迁入。

长江流域的旧有地方家族倾向于保守,他们坚持早已被喜欢新道家玄思的北方贵族们所抛弃的儒家学识的传统。事实上,一些南方人谴责北方政治家对"自然"的追求引发了帝国的灾难。① 南方汉人和北方移民之间的紧张迅速地产生,并持续了几代,但是最终二者促成了一种精英化的南方文化。在这个文化中,汉代的文学传统得到了延续和发展;儒家学说被保存下来,以维系联结着荣耀的往昔和王朝及文化正统性的意识形态,这种意识形态在一定程度上慰藉了那些如今仅仅控制着逝去的大一统帝国的边区的人们。出身胜过才能,这个扎根于汉代末年的观念,在这里被确认为仅存的"华夏"政权的社会基础。同时,北方流亡者带来的新道家与长江流域如画的动人风景适宜相投,并在贵族中找到了其信奉者——这些贵族们仅靠空洞地宣称自己是"中国"的"合法"主人无法恢复他们摇摇欲坠的信心。他们在大不幸的时代寻求某种不变之物,或者想从他们无法忍受的人类场景逃避到自然中去。正是在这样分裂时期的文化氛围下,发展出一种独特的南方佛教。

这种佛教最初由新道家铸造了它的概念、思考兴趣的

---

① 见《晋书校注》中虞预对新道家的谴责,第八十二卷,第15页。他抱怨胡人占领中国北部比周王朝的衰亡更糟糕。南方地方贵族作为儒家学识的保存者,见唐长孺:《魏晋南北朝史论丛》,北京:三联书店,1955年,第371—381页。

中心及词汇。佛教思想的许多讨论都在新道家喜欢的模式下进行:称为"清谈"的对话或会谈。如我们已知的,新道家的哲学活力已是明日黄花,清谈已经从思索的工具变为颓废幻灭的贵族们客厅里的消遣。不过,尽管新道家有哲学上的失败和其追随者政治上的及个人的失败,然而它已经打破了汉代儒学落伍的硬壳,并拓宽和加深了中国人的思考范围。它提出了新问题,这些问题不能通过参考最受欢迎的经典《庄子》和《老子》中的诗意形象而得到解答。

佛教开始在南方都城的雅集中流行,之后随着佛教中心在整个南方到处建立而扩展开来,而皈依佛教的中国人属于一种特定的、可定义的类型。戴密微指出,慧远(334—416)是转向佛教的中国文人的典型。[①] 慧远早期接受了儒家经典的训练,并一度任教于一所儒家的学校。但是与此同时,他对《老子》和《庄子》发展出一种浓烈的智性的兴趣——或问题兴趣,并对这些经典达到了精通的水平。然后有一天,慧远听到一位有名的僧人宣讲般若,他惊叹,比

---

① 戴密微:《佛教在中国哲学传统中的渗透》(Paul Demiéville, "La Pénétration du Bouddhisme dans la tradition philosophique chinoise"),载《世界历史笔记》(*Cahiers d'histoire mondiale*, III, 1956),第 23—24 页。

起佛教,儒家、道家和所有其他的学派都如糠秕。他出了家,开始研习并传讲佛教。在他的教导和著作中,他极大地依靠道家的术语和观念来解释说明佛教,也因此修改了他所展现的佛教思想。

支遁是另一位对佛教在南方传播贡献卓著的著名僧人(314—366)。他才华横溢、机智诙谐、气宇不凡,在南京的流亡贵族中极受欢迎。他说着新道家的语言,并精通清谈圈子里推崇的轻快机敏的对答。他从现有的佛教经典中选择特定的思想,将其与新道家的问题相联系。举例来说,他猛烈地攻击一位权威注释家,这位注释家(郭象)认为《庄子》中大鹏与斥鹦的寓言说明个人解脱(逍遥)的秘密在于使个人的命运顺从宇宙的秩序。支遁断言一个人能够而且应该像鹏或从世俗系缚中解脱的佛教徒一样逃进无限。①

戴密微将一些在中国思想后来的发展中产生了深远影响的哲学创新追溯到支遁。其中之一即是赋予古老的中国自然主义概念"理"("秩序")以取自于大乘哲学的形而上

---

① 戴密微:《佛教在中国哲学传统中的渗透》(Paul Demiéville,"La Pénétration du Bouddhisme dans la tradition philosophique chinoise"),载《世界历史笔记》(*Cahiers d'histoire mondiale*,III,1956),第 27 页。

的新含义。在这个新含义中,"理"意味着与后天的经验素材相对的先验的绝对原则。这种对中国来说全新的二元论形式,将在几个世纪之后作为新儒家的核心概念出现。

此外,支遁的著作,更全面地是竺道生(365—434)的著作,阐释了一种虽然在早期中国思想中已有预示,但是现在才变得明晰的重要两极分化,即"渐"与"顿"。竺道生和他同时代的人都困惑于迄今已译出的小乘和大乘经典所提供的明显冲突的解脱论。前者看来主张长期艰辛地积聚正面的业,以获得进入涅槃的终极解脱。而大乘经典则为寻求解脱的人提供了诸佛与菩萨的帮助,以及一个单一的、突然的觉悟时刻的可能性。因此,中国的佛教徒觉得在佛教中有两条不同的道路通往真理和解脱。"渐"是依靠分析、积聚细节、长期修习达到绝对实在("理")的途径;它也意味着一种以"多"为前提的实在观,此所谓"多"即一套受时空限定的实在的诸方面,而一系列渐进的方法则提供了理解这些方面的钥匙。渐进主义,虽然有着佛教传入以前的中国所未曾见识过的精致微妙,但是在教导逐渐积聚知识和智慧这点上与本土的儒家传统还是基本类似的。顿,在另一方面,则意味着与多相对的一,与个别相对的总体,以突然而彻底的洞见完全地解悟实在。在戴密微看来,顿明显地与本土的道家传统有关联,同时它也是针对佛教著作的冗长、其稀释了的连环推理及其论证的经院式严格的一种中国特色的反动,这在许多研习佛教的人那里都能发现。这种两极分化后来成为禅宗内部争论的核心,再后来成为复兴的儒家内部的首要分歧。①

除了哲学领域的这些发展之外,南方的佛教僧人还引入了一些与他们那个时代的知识氛围相一致的实践上或教义上的革新。慧远具有多方面的才能,在他的生涯中有很多这类革新的范例。他以及其他优秀僧人不仅仅是照顾都城贵族们的需求,而是建立了他们自己的修行和教导的中心。这些中心常常是在僻静深山里。他们吸引了在家的信徒,寺院的数量稳步地增加。慧远是第一个教导通过信仰阿弥陀佛而达到解脱的人,从而奠定了伟大的净土宗的基础,这一宗派最终成为东亚佛教最盛行的形式。虽然慧远自己的著作中满是道家的思想和术语,但是他孜孜不倦地探索更正确和更完整地理解印度佛教的思想。为了这个目

---

① 戴密微:《佛教在中国哲学传统中的渗透》(Paul Demiéville, "La Pénétration du Bouddhisme dans la tradition philosophique chinoise"),载《世界历史笔记》(*Cahiers d'histoire mondiale*, III, 1956),第28—35页,亦参见李华德:《竺道生的世界概念》(Walter Liebenthal, "The World Conception of Chu Tao-sheng"),载《日本文化志丛》(*Monumenta Nipponica*, XII, 1956),第87—94页。

的,他派遣弟子去中亚取回经典,并与至少六个外国译者保持着联系。①

慧远还应号召为佛教僧侣免于政府控制或压迫之威胁而辩护。在他的辩护中,许多中国人的生命观和社会观与外来信仰原则之间的冲突隐隐可见。慧远并不好战,他寻找一种妥协之道(modus vivendi)。通过机敏地诉诸道家的经典,他成功地打了一场漂亮的"官司",而这一胜利在儒家还维持着其往日权威的情况下是不可能的。他强有力地主张道:一位出家为僧的国民切断了他与这个世界的物质利益和个人报酬的联系,既然他不再从特定权威维持的种种设施中受益,那么他就不应该被迫向君王行礼。但是,他也做出让步说,佛教的居士既然追求世俗的目标,那么就应完全尊重世俗权威:

在家奉法则是顺化之民。情未变俗,迹同方内。故有天属之爱,奉主之礼……故以罪对为刑罚,使惧而

---

① 参见李昂·胡维兹:《早期中国佛教中的"恺撒的归恺撒"》(Leon Hurvitz, "'Render unto Caesar' in Early Chinese Buddhism"),见《中印研究——李华德纪念文集》(*Sino Indian Studies*, *Liebenthal Festschrift*, Santineketan, India, 1957),第87—88页。

后慎。以天堂为爵赏,使悦而后动……是故悦释迦之风者,辄先奉亲而献君……①

慧远所诠释的佛教默许如幻世界中的政治和社会的设施:佛教改善、宽慰,但是它不寻求改革。然而佛教徒努力并巧妙地赢取南方统治者的好感,不仅为他们提供个人解脱的希望,而且提供新奇、有效、多彩的宗教仪式,祈求佛教神祇为王国带来安康,驱除邪恶。佛教传说的宝库提供了君主行为的新典范——印度的转轮王,即通过皈依佛陀及其教法而统治有方且成功的君王;也提供了相关的慷慨布施的典范——大施主,为了同胞的利益而供养佛教僧团,使他成为一个类似于活菩萨的人物。这些典范对那些生命和权力总处于变化无常中的君主们有着强烈的吸引力。经过几十年政治动荡之后,仅靠声称自己是汉代"合法"继承者并不能使他们安心。

在信奉和提倡佛教的君主中,最著名的是梁武帝(502—549在位)。他亲自受了戒,并数次真正地"舍身"佛寺,要求他的大臣们用巨资将他从寺院"赎回"。在504年

---

① 《弘明集》卷5,《大正藏》第五十二册,第30页。我的译文与胡维兹稍有不同。参见前引书第98页。

佛诞日,他命令皇亲国戚、显贵及官员们放弃道教而改奉佛教。517 年他颁布法令摧毁权力和影响部分地通过选择性地借用佛教而逐步增长的道教的道观,并迫令道士还俗。他模仿佛教的君主行为的新典范,他的努力为他赢得的头衔显示出中国的和佛教的政治认可的融合,他被称为"皇帝菩萨""救世菩萨"和"菩萨天子"。①

然而在南方,无论财富还是政治的权力都没有集中在王权手中,反而是大的地方士族控制和操纵王权,并垄断官员遴选。在这些豪族和不那么富有但有文化的家族中,佛教逐渐吸引了大批追随者。维摩诘,那个时代最有影响的佛教经典中的一位主要人物,深深地打动了都城的官员和都城的知识生活与社会生活的引领者。他不是一无所有的苦行者,而是一位富裕且有权势的贵族,拥有无碍的辩才,是受人尊敬的家长和父亲,不拒绝奢侈和享乐却拥有如此纯净、谨严的人格,以至于他有能力把他遇到的所有人都变得更好。对那些被佛教的观念吸引,但又不愿放弃世俗享乐的贵族佛教居士来说,这是一个新榜样。而且,豪富和权贵们,按照还处于发展中的中国佛教建筑风格阔绰地修建

---

① 关于这位统治者,参见森三树三郎:《梁武帝》(Mori Mikisaburō, *Ryō no Butei*,京都,1956),尤其是第 134—169 页。

寺院和隐居处,能够带给他们新的满足。他们不仅为未来的解脱积聚了功德,借此机会还可以炫耀、摆阔性地挥霍浪费,这就更增加了修建和捐赠寺院的吸引力。况且在许多情况下,豪富修建和捐赠的寺院不仅是他们个人的隐居处,而且还是他们永久举行家族仪式的圣祠。

另外一些文人深深感动于佛教新的实相观和解脱观,而成为某些名僧的弟子,并进入僧团。但也有一些人进入僧团仅仅是出于对腐败的政治生活的厌恶,这种腐败无法让他们从仕途中得到满足。一些人则是出于对新道家陈词滥调的幻灭。当佛教被越来越广泛地接受时,学问僧在其中发现了他们的先辈曾在儒学中发现的学问和文化的乐趣。许多人收集书籍,一些人成为著名书法家或写作特定文体的作家,一些人成为古物收藏家、佛教史学家,或某部佛教经典的专家,就像早先他们会专攻某一部儒家经典一样。在一些建于怡人风景中的寺院里,虔诚和治学的生活不仅提供了外面乱世几乎无法提供的满足,而且这种生活完全受到菩萨弃世并致力于救脱一切众生之理想的激励。退隐、静虑、研学和沉思,这种寺院生活的观念对随后世纪里的中国文人有着常青的吸引力。

我们对南方大众佛教的所知远远不如对精英佛教的了解。在乡村,有关于佛教僧侣和道士之间冲突尖锐的证据,经常表现为超凡能力与神通的竞赛。黄巾军造反时道教在南方的一些地区就扎了根,在这些地方佛教不得不花大力气来赢得大众的追随。各个寺院的僧人们每年都花一些时间在民众中工作。他们的仪式和魅力,他们用简单词语表述的关于解脱的承诺,也许通过一个将业力运作法则戏剧化的故事就能让人理解,都毋庸置疑地为他们赢得了信徒。在南方和北方,他们尽一切可能灵巧地把佛教元素引入为了维持丰收仪式或其他惯例而存在的旧有乡村组织中。①许多平民成为田产越来越多的佛教寺院的世袭农奴,这一定增加了百姓中佛教徒的数量。而满足了寺院需求的越来越庞大和多样化的工匠阶层对佛教徒数量想必也有类似的贡献。

当汉人殖民者慢慢地进入古老的土著地区时,他们带来了佛教。以那些官员或迁入的士族为代表,他们把作为个人信仰的佛教与根于儒家的旧观念和技术合并,将华夏

---

① 见谢和耐:《五到十世纪中国社会中佛教的经济问题》(Jacques Gernet, *Les Aspects économiques du Bouddhisme dans la société chinoise du Ve au Xe siècle*, Saigon, 1956),第245—269页。对这一重要的研究,我在《亚洲研究期刊》(*Journal of Asian Studies*, XVI, 1957)上发表了书评,第408—414页,题目是《佛教在中国的经济角色》("The Economic Role of Buddhism in China")。

文明带给"当地人"。佛教被视为一个使当地的萨满仪式"开化"的竞争对手,而这个领域内的竞争并非是儒学的强项。①

在南方,我们发现佛教在适应着精英文化和大众文化,与南方的哲学和文学传统相互作用,发展它的信仰和实践以回应社会,而那个从垂死的汉帝国继承下来的传统则不再适用于这个社会了。现在,让我们来看同时期佛教在中国北方的进程。

北　方

我们应当提醒自己,在 317 年被弃于异族统治之下的长江以北地区不是今日的中国北方。对那个时代的汉人来说,它"就是"中国,在他们的著作中提及它时不仅是"中原",而且还是具有历史意义和价值负载的词语"中国"。它是汉民族伟大的文化成就的舞台,是他们的思想家的故乡,是秦汉帝国初次在政治上统一中国的地方。这片土地落于

---

① 参见宫川尚志:《中国南方的儒家化》(Hisayuki Miyakawa, "The Confucianization of South China"),见《儒家信念》(*The Confucian Persuasion*, Stanford, 1959)。

可鄙的蛮夷之手，使得南京的流亡贵族们陷入痛哭懊悔和自怜之中。他们滞留在北方的亲属——这是士人阶层的绝大多数——忍受着更迭的异族政权，这些异族政权一个赛一个地残暴、贪婪和无能。汉人总是服务于这些政权，部分地由于自身的利益——保护家族财产，但是也部分地出于希望能够改善蛮夷的残苛，为重建儒家的政体和社会而努力。

在分裂早期，中国北方社会完全陷入四分五裂。裂缝通至四面八方。作为外来者的游牧民族，起先他们通常瞧不起农民，但很快就会分裂为两个集团：一些人支持不同程度的汉化，另一些人坚持他们祖先的草原传统。常常在解决这个差异之前，他们就已经被来自于长城外的新入侵者征服。非汉族集团之间的种族仇恨极其强烈，汉人和异族入侵者之间也经常爆发暴力和大规模的屠杀。无穷无尽的战争荒废了土地，一次又一次的兵役将农民撕离他们的土地。今天的大地主明天可能就丧了命，而那些寻求他庇护的人们也许就成了某位陌生人的奴隶。正是在这种紧张和不安的背景下，佛教开始找到它进入这个社会的途径。

北方的弘法先驱是龟兹人佛图澄。他或许是怀着成为某所皇家寺院里的译者的目的而前往西晋都城洛阳。然而当他到达时，正值雄伟的都城遭到洗劫和焚毁，他发现自己置身于即将控制大部分中国北方的野蛮无知的匈奴营阵中。这位真正的弘法者具有对于契机的直觉。"他知道石勒(匈奴的首领)无法领会深奥的义理,只能通过神通使其信服佛教的力量……因此他拿出他的钵,装满水,燃了香,施了咒。瞬间长出了青莲花,它的光芒和色彩使人目眩。"① 石勒被深深地打动了,随后的二十年里他都是佛教热心的支持者。

在北方,佛教最初获得的立足点,都是依靠向迷信的胡人示现非凡的神通力、帮助赢得战争的僧人们的魅力、降雨、祛病及减轻头脑简单的胡人首领在残酷屠杀之后产生的懊悔情绪而获得的。这样赢得的好感使得佛教僧人开始建立中心,开展教导,并将他们的宗教传遍北方。长时期里,这个外来的宗教除了它超凡的神通力之外,还有一些吸引异族统治者的地方。首先,对于中国来说,它是一种外来的宗教。当胡人首领足够明白他们的部落方式不能支撑他们对北方中国的控制时,他们也不愿采用老谋深算的汉人顾问们竭力推荐的儒家原则,因为这种做法或许意味着文

---

① 参见芮沃寿:《佛图澄传》(A. F. Wright, "Fo-t'u-teng: A Biography"),载《哈佛亚洲研究期刊》(*Harvard Journal of Asiatic Studies*, XI, 1948),第321—371页。

化身份的丧失，以及把致命的权力拱手相让给臣服的汉人。佛教提供了一种颇有吸引力的选择，而且佛教僧侣们很多是外国人，要完全依赖统治者的喜好，并且缺乏家族网络，看起来是很有用又值得信赖的仆人。他们支持佛教更深的原因是它的伦理是普世性的，可以为所有种族、时代和文化的人们所接受，因此它看来正好可以弥补伤害这些政体的社会裂缝，并有助于建立一个统一而圆通的社会体。

这些显而易见的优势为佛教赢得了一系列独裁统治者的支持和保护，这种支持为佛教传播到全社会提供了绝好的机会。我们发现4世纪中叶以后，佛教在各个阶层上都有非凡的扩张。最高层统治者和他们的家庭成为佛教寺院的慷慨施主，赠予僧人丰厚的珍宝和土地等礼物，建造豪华的庙宇，筑就像云冈石窟这样伟大的虔诚之作。在许多大寺院里，官方的祈祷为了政府的福利和领土内的和平与繁荣而定期举行。上层阶级的汉人追随他们的南方同侪的模式：先以坚实的儒家训练为根基，尝试新道家却不满意，而后转向一种看来可以解释遭殃的社会的病症并为未来提供希望的信仰。这个时期北方佛教中伟大的思想家和教导者正是来自于这个阶层。

无论异族、汉人还是混血的显贵们像南方的贵族一样热衷于挥金如土地大兴土木。一些人为了赎过去的罪，一些人为了获得福德资粮(spiritual credit),一些人为了打动民众或虔诚的君王。人们真是发狂般地大建庙宇,捐赠大量财物给寺院,委托制作新的佛教塑像和绘画,爱惜而仔细地再三抄写圣典。其中许多建筑和虔诚的作品都反映了一种家族利益,而佛教的僧人则成为其赞助人的祖先崇拜的祭司。

无论在异族还是汉人的百姓当中,佛教都有广泛的追随者。如同在南方那样,佛教常常被嫁接在现存的乡土信仰上。但是在北方,至少在这一阶段的早期,佛教僧人没有遭遇一个根深蒂固的道教的竞争,于是农民全体性地(en masse)皈依了。佛教僧侣不仅提供一个简单信仰的慰藉,而且作为受政府青睐的工具,经常给乡下送去医药、救济粮和其他实际的福利,而这些在以前多半是由地方官员或乡绅来提供的。大的寺院,如谢和耐已经指出的,则成了产业主。起先他们只能得到相对不太肥沃的山地,常常是在经济不发达或衰落的地区。然而后来他们将财产扩展到低地,而且除了开垦更多的土地之外,他们还发展水磨、榨油坊和地方制造业。他们通过开设当铺、举办拍卖和主办寺院市集增加了财产。他们常常发展到控制整个甚至整群村落,那里的村民遂沦为寺院的世袭农奴。

中国北方的佛教信仰在许多方面打破了阶层界限,并有助于团结一个分裂的社会。地方上在佛教节日里举行的素食斋戒,是一个遗忘社会摩擦和产生社区友情的机会。那个时代的碑铭表明汉人和异族官员、地方士绅、佛教僧侣和平民百姓常常在建造庙宇、塑造供奉的雕像和做其他虔诚的工作时齐心合力。而且,从雄伟的云冈石窟和龙门石窟到最粗糙的塑像,其中的佛教铭文均证实了佛教在每个地方都与家庭崇拜相调和并交织在一起。不妨读一下那个时代典型的铭文:"我们虔敬地制作并呈奉此圣像于诸佛菩萨,并祈求一切有情得度,尤其是我们的祖先及眷属(列出名字)的灵魂能够安息、解脱。"居住在西方极乐世界的阿弥陀佛越来越成为最受欢迎的信仰和祈祷对象。①

佛教信仰及其组织的力量增长不可避免地引起了中国北方统治者的一些疑惧。被滥用的僧侣特权、遁入僧团以逃避徭役和赋税的群众、常常是诈取性地批量转让地契给

---

① 塚本善隆,见水野清一、长广敏雄:《龙门石窟寺研究》(Mizuno & Nagahiro, *Ryūmon sekkutsu no kenkyū*,东京,1941)附录中的表格,第449页以下。尽管这些表格记录的只是龙门石窟中崇拜对象的变化,但是有理由认为信仰阿弥陀佛这一趋势是普遍的。(《安定王元燮为亡祖等造像题记》:"仰为亡祖亲太妃,亡考太傅静王、亡姐蒋妃及见存眷敬就静窟造释迦之容,并其立侍众彩图饰,云山唤然愿亡考居眷永离秽趣,什超遐迹,常值诸佛,龙华为会,又愿一切众生咸同斯福。"——译者注)

免税的寺院和庙宇又加深了这种疑惧。无知又不守戒律的乡下僧人为了颠覆破坏的目的而常常宣扬佛教中的末世情绪,这类僧人的崛起也是造成不安的原因。

佛教的两个主要对手迅速指出了这些弊端。在五六世纪渗入北部的道士指望由此破坏国家对佛教的支持,并从他们的佛教对手中夺取百姓。汉人官员们总是试图说服他们的异族主人重建一个由有教养的士族担当关键角色的儒家政体,他们在自己的政治经济传统仓库中寻找弹药。他们越来越有信心地论辩说:佛教的教会是寄生性、破坏性的,是害虫、异类。

这两个集团的努力,加上统治者的恐惧,给佛教和政府的关系带来两种具有北方特色的发展。一是设立了一个僧职机构,其首领负责有关剃度规则、僧侣行为和佛教财产管理的一切事务。这种控制系统模仿汉人的文职机构(civil bureaucracy),以相似的程序和组织规则为指导,其存在一直延续到近代。另一个主要的发展是尝试于446—452年和574—578年大幅度限制佛教的组织和活动。虽然这两次尝试是在不同的境况下进行的,但是它们有一些值得注意的共同特征:导致二者的因素主要都是政治的和经济的;二者的煽动者都是道士和儒士为了反对共同的对手而结成不稳定的联盟;两次的镇压都不怎么有效;并且二者之后佛教都得到了恢复,而且继任统治者为镇压未遂者举行戏剧般的赎罪。虽然二者都说明了北方佛教非常依赖专制统治者的支持,但是其后果也证明佛教已经成为北方文化和生活的重要部分,即使是皇家法令也不能使之消除。

北方佛教对世俗和宗教权力关系这一难题的解决明显不同于南方慧远和他的继承者们的倡导。南方人不得不调和佛教与贵族的政体及社会,而北方人不得不与专制政府打交道。在北魏,出现了一个简单的提议:视在位的皇帝为佛陀的化身,这就解决了忠诚义务的冲突。在574年镇压佛教的争论中,一个集团坚持认为坏的不是佛教这个宗教,而是教团,如果取消教团,国家将成为一个巨大而和谐的寺院——平延大寺,由统治者作为佛陀管理他虔信的臣民。① 大体上,比起南方佛教徒满足于让政治上软弱无力的皇帝成为大施主,并以印度转轮王的方式使用君主权力为信仰谋福,北方佛教更近于政教合一的体制(Caesaro-papism)。

在这些年中,北方是翻译和致力于追求更深理解佛教的中心。尽管北方在政治上不稳定,却比相对孤立的南方

---

① 见芮沃寿:《傅奕与反佛》(A. F. Wright, "Fu I and the Rejection of Buddhism"),载《思想史期刊》(Journal of the History of Ideas, XII, 1951),第34—38页,参考塚本善隆研究北周灭佛的三篇重要论文。

更开放地对待来自于中亚的外国弘法者。4世纪和5世纪，前来的伟大弘法者逐渐增加，与此同时越来越多博学的汉人加入到他们当中，共同付出巨大的努力将佛教的思想翻译成中国的术语。其中一位杰出的中国僧人道安（312—385），是弘法先驱佛图澄的弟子。道安不知疲倦地与外国的译师一起工作，正是他发展出成熟的翻译理论*，指出佛教思想面临的危险是消融在最初用来翻译和解释佛学的新道家观念中，从而变得无法辨认。

直到道安圆寂时，佛教思想还没有彻底从道家中挣脱出来，而鸠摩罗什这位最伟大的译经师，或许也是所有时代中最伟大的翻译家，向前推动了这一解缚的进程。鸠摩罗什因其超凡能力而遭到中国西北地方割据势力的控制，经历了长期的羁禁，学会了汉语。之后他于401年到达长安。幸运的是，他得到了皇家的支持，汇聚自四面八方的汉僧与他一起翻译圣典。这是一个"结构严密的工程"，使人联想到今日科学家的合作事业。这里有所有层面的专家团队：

---

* 道安指出翻译佛经有"五失本三不易"，明确指出佛经原文与汉语的表达习惯、文质倾向等不同及译经的困难之处。这一翻译理论的总结对后代的译经及译场影响颇深。具体论述见《出三藏记集》卷八《摩诃钵罗若波罗蜜经抄序》。——译者注

一些人与鸠摩罗什讨论教义的问题;一些人将新译文与不完善的旧译文相参校;还有成百上千的编者、副编和抄手。八年间这些人的翻译质量和数量实在惊人。由于他们的努力,大乘佛教的思想以前所未有的高度清晰和精准呈现为汉语。Śūnyatā——龙树的空观,从使其模糊扭曲的道家术语中松了绑,这个概念和其他关键的佛教教义变得可解,为随后的中国佛教伟大的独立期奠定了充分的知识基础。

在我们所考察的分裂期的最后,北方和南方的文化趋向于相互影响,因此缩小了近3个世纪里他们独立演化进程中所发展出来的差异。佛教的僧人从北方移居到了南方,南方的僧人来到了北方。北方翻译的杰出译本很快就在南方的寺院中流传,故而北方和南方的佛教徒产生了共同的哲学兴趣和文本兴趣,而北方和南方佛教艺术的类型也开始彼此影响。

在这一时期的最后,北方的社会和政治越来越趋向于汉化。虽然异族血统的统治者仍旧偶尔宣扬他们的独立,坚持他们的统御,但是通婚打破了汉人和胡人之间的许多屏障。中国农业系统的复原使得汉人对异族统治者的重要性不断增长。最重要的是,统治者中的很多人都梦想在他们的统治下征服南方,重新统一中国。为了这个目的,他们亲自学习汉人的历史、政治理念和治国艺术。这么做的时候,他们不可避免地在这些领域里逐渐采取汉人的观念和意见。然而,到 6 世纪晚期,文化和制度上的差异仍然很多很大。佛教,如我们将要看到的,扮演了重要的角色来减少这些差异,并为统一的、最终是儒家的社会的来临奠定基础。

第四章　独立成长时期

约 589 年至 900 年

581 年,当北周这个非汉人政权中的一位年轻官员从他的主子手中抢来宝座时,他宣布了隋朝的建立。凭借残酷无情、不屈不挠和运气,他巩固了对中国北部的控制,并且如同他之前的许多北方统治者一般,开始盘算在他的统治下征服南方,统一整个中国。他的计划很谨慎,他的武力、经济和意识形态的准备都很周全彻底。589 年他的军队征服了定都南京的最后一个"正统"的王朝,在将近 300 年之后,中国再次实现了政治上的统一。

然而仅仅武力和政治的征服还不足以消除数世纪的分裂、传统的分歧以及变迁的习惯、风俗和喜好所造成的影响。北方的生活倾向于更为俭朴,食物、服装和习俗比较朴素,一夫一妻和大家庭盛行,而与此相对,南方普遍的是纳妾和夫妻小家庭。南方人认为北方的文学风格粗糙而刺耳,"如驴鸣狗吠",而北方人则认为南方的文学颓废,作品浅薄,缺乏男子的阳刚之气。隋朝的统治者梦想模仿大汉朝的模式将这些差异的社会重新建成稳定、和谐、统一的秩序,于是他们求助于以不同方式享有精英和民众忠诚的三种传统。

他们对待道教的方式简单而直截了当。他们认可它,尊敬被神化为其主神的思想家老子,将其组织置于政府的控制和管理之下。

选择性地复兴儒学有着更为重大的历史意义。礼制经过重新整修后运用于朝野,赋予隋以正统的光环,也证明隋正在复兴汉天下。儒家的文质彬彬的德行成为所有人的标准,儒家经典的知识被规定为重新恢复的考试和选拔体系的基础。儒家传统虽然衰落,但是它在一定的资源中具有垄断性,尤其在政治理论和掌控政治及社会的方法上,是其对手所不能企及的。然而这是有限的恢复,现在就将儒学作为全部的智力体系显然时机不到。要到三百年之后,人们才开始认真地致力于改造儒学,使之能够再次响应所有阶层的中国人的智识、精神和社会需求。

分裂期结束时的佛教在南方和北方的民众及精英中都有广泛的追随者。这就使得它自身成为重新统一的隋朝及后继者唐朝缝合两种文化的工具。两个朝代的帝国政策都很当回事儿地支持佛教的设施和僧团,赞助虔诚的作品,在都城与地方建造和维持寺院。隋朝的建立者杨坚在民众面前将自己展现为一位天下的君王、虔诚的信徒和教团的大

施主。在统治早期,他以宗教的意识形态宣扬即将发动的武力战争:

> 用轮王之兵,申至仁之意。百战百胜,为行十善。故以干戈之器,已类香华。玄黄之野,久同净国。①

通过无数的捐赠和公告,隋朝和唐朝的皇帝们对这一事实表示认可:他们的臣民是佛教徒,佛教有益于确保社会的稳定、统一及和平。与此同时,近朝的历史映于脑海,他们忧心以防佛教教团作为"帝国中的帝国"(imperium in imperio)的复苏。他们一再地采取措施控制其增长,挫败佛教团体中任何颠覆反抗的倾向。僧职机构按照北魏的模式设立,以实现国家的控制,再三下令以适度的考试和遴选系统录取僧人。僧人要获得官方的剃度证明,并要经常更新度牒。寺院要有官方的许可,禁止未经授权地建造寺院。

---

① 关于隋朝佛教的讨论,参见芮沃寿:《隋意识形态的形成》(A. F. Wright, "The Formation of Sui Ideology"),见费正清编《中国的思想和制度》(John Fairbank, ed., *Chinese Thought and Institutions*, Chicago, 1957),第93—104页。581年的法令见《历代三宝纪》卷十二,《大正藏》第四十九册,107页下。

同时进行的还有一种尝试:强制佛教的僧人们遵守自身的寺院规范——戒律,以此来规定和限制他们的行为。如果严厉地执行,这些详细而严格的规矩将会严重地限制僧团发展信徒,而且使作为寺院财富之源的许多经济产业变得不合法。隋朝的建立者会选择一位律宗的法师作为国家佛教团体的官员首领不是偶然的。当隋文帝告诉灵藏律师:"弟子是俗人天子,律师为道人天子"时,他的话并不是华而不实的恭维①,而是表达了他的这种愿望:这位佛教戒律的专家应当对整个国家僧团的管理和训练负全责。唐代的佛教历史表明这样的措施仅部分奏效,因为寺院和寺院财产增长,常常得到后妃及外戚强有力和怀有私心的支持,或者得到商人集团的支持,他们把大乘佛教强调的捐献供养可以带来福利看成是贸易经营的根据,而这种贸易经营在政府以农为本的政治经济中是得不到鼓励的。②

　　除了这些控制佛教僧团和设施的官方努力之外,隋唐政府还提防佛教徒中有叛乱迹象的团体或教义,尤其在乡村,那儿很缺乏官方认可的僧人。大乘佛教有几种教义极有可能被煽动者、造反者或谋求篡位者所利用。一种教义

---

① 见《续高僧传》卷二十一,《大正藏》第五十册,第610页。
② 谢和耐:《五到十世纪中国社会中佛教的经济问题》,第269—272页。

是佛教的三个时代或时期说，认为到了末期宗教会消失。*一旦人类进入这个有特殊迹象的末法时期，就没有政府值得信徒的尊敬和忠诚。这样的观念是全然颠覆性的，当三阶教这样有钱有势的教派广泛地散播这种观念时，隋唐政府就一再地下令镇压这个教派。几乎同样危险的是信仰未来佛弥勒的信众，他们相信世界末日就在眼前，弥勒的降生将开创一个新的天地。分裂时期的北方已经出现了大量以这个崇拜为中心的民众造反，隋唐政府则遭遇了更多的麻烦。在这个时期和以后，与弥勒相联系的白色，在造反运动的象征系统和意识形态中扮演了突出的角色。

然而唐朝统治者偶尔的怀疑和零星的限制措施远远地被臣民们的宗教热情所抵消。唐朝最初的两百年间，佛教呈现出前所未有的兴盛。佛教由信徒们慷慨的捐赠所支持，由信仰纯正而卓越的引领者所指引，由那个时代最有天赋的艺术家和建筑师所增色，它织入了中国人的生活和思想的肌理。这几百年是中国佛教独立和创造的黄金时期。

佛教仪式如今成为国家及皇家礼仪的主干。新皇帝的

---

* 指正法、像法和末法三期之说，正法时期教、行、证具足；像法时期虽然有教有行，但是证者已较少；而末法时期则仅存教法，缺乏行、证。——译者注

登基,皇子的出生,皇家祖先的祭典,如今所有这些和其他许许多多场合都包含了佛教的仪式,唱诵经典和咒语,素斋宴请僧团,礼仪性地供养庙宇和寺院。隋唐的皇帝们已经重新确立了天子是再次统一的帝国之中心和中枢。但是这些君王与他们的汉代前任不同,本土传统的观念和象征合理化了汉代君王的地位,而隋唐皇帝则非常依赖外来的宗教以增加他们权力的可信度和威严。

在长安这伟大首都的艺术和文化生活中,佛教是无所不在的。数不清的寺院和宝塔那镀金的尖顶,寺院的钟鸣,柔和的诵经声,来往行走的庄严僧列,都是佛教对帝国生活产生交错影响的明显迹象。宝塔和寺院的混合见证了印度和本土因素长期、缓慢地结合为一种新的中国佛教建筑,其辉光反映在今天我们所见到的日本法隆寺的建筑上。同样地,雄伟建筑中满载的塑像和绘画,是本土传统元素与印度、波斯、希腊、罗马及中亚元素融合的顶峰。佛与菩萨从他们的宝座上垂视着云集的信众,有着中国人的面容,平静而慈悲的表情是中国人对佛教的生命观和时间观的独特诠释。虽然一些衣服的线条反映了中国人的品味和风格,然而饰物和姿态则取自于印度佛教的造像。不过这是有选择性的。现存的实物清楚地表明中国的佛教艺术家和建筑师此时已摆脱了外来原型的权威,正在创作独特的中国佛教艺术。

　　繁荣的隋唐帝国的官员和学者们，一部分人被佛教的观念和对解脱的许诺所吸引而皈依佛教，而另外一些人则较随意地被其仪式的审美魅力和庄严的寺院所吸引。使得唐朝成为中国文学的伟大时代之一的那些著名诗人和散文家们都很熟悉佛教的思想，尽管其中很多人从借用佛教而丰富自身的道教中汲取灵感。在他们的诗歌中，人们可以发现公共和个人的佛教习俗浸入了他们的生活的反映、取自于他们钟爱的佛经中的形象和典故以及对赏心悦目的寺院的描绘。在那里他们经常隐居禅修，并与一些著名的僧人交谈。白居易为我们再现了他于 814 年参访的一个大寺院的氛围：

　　　　前对多宝塔，风铎鸣四端。栾栌与户牖，恰恰金碧繁。
　　　　云昔迦叶佛，此地坐涅槃。至今铁钵在，当底手迹穿。
　　　　西开玉像殿，白佛森比肩。斗薮尘埃衣，礼拜冰雪颜。

叠霜为袈裟,贯雹为华鬘。逼观疑鬼功,其迹非雕镂。①

如果说佛教渗入了都城的生活和精英阶层的生活,那么它在帝国的城镇和乡村中的流行也毫不逊色。官方的寺院网连接了地方与帝国都城的佛教,定期的仪式提醒人们这个宗教是所有中国人共同的信仰。到地方上任的官员们在新辖区里显示出特别支持佛教僧团和设施的迹象。此外还有私人捐赠的大量寺院,经常拥有大片的土地、磨坊和定期的集会,这些集会很大程度上塑造了乡村的经济和社会生活。在这些寺院里,重要的日子是佛历的节日,特别是佛诞日和盂兰盆会(the Feast of All Souls),人们聚集在一起礼拜佛教的神祇,谛听诵经,或者聆听名师讲法。地方的信徒组织(邑会*)经常举办素斋,以此在友好的交往中联结当地的僧侣和居士。这些团体把当地居民吸引到聚会中,使

---

① 魏礼:《中国诗歌》(Arthur Waley, *Chinese Poems*, London, 1946),第143页。(此诗节选自白居易《游悟真寺诗》。——译者注)

* 又称为义邑,是北魏初至隋唐之际,中国北方以在家佛教徒为中心结成的信仰团体,人数多少不等,早期以营造佛像寺塔等为中心,兼有写经、诵经,初唐以后的主要活动有斋会、诵经、写经等。——译者注

他们争相供养,从而帮助佛教在乡间传播。

乡村的僧侣尽管常常没有受过正规的训练或官方的任命,但是他们非常熟知他们的信徒。他们主持婚丧嫁娶,通常不仅是村民们的占卜者和治疗者,而且还用他们神奇的把戏和丰富的因果故事(edifying tales)成为村民们的娱乐者。很多早期由萨满和巫觋(exorcists)来帮助解决的需求,现在都由他们来负责了。① 日本的求法僧圆仁告诉我们,在僻陋的村子里,信仰单纯的人们乐善好施、殷勤款待游方僧人和朝拜著名佛教圣迹的朝圣者。② 这些圣迹常常位于以前是地方保护神崇拜中心的山里。像其他古代圣地一样,在这里,佛教被嫁接到本土的偶像崇拜之中,而佛教的神祇逐渐取代了本土的神灵。通过圆仁鲜活而详尽的描述,人们可以想象出唐代中国的佛教,如何影响着权贵和百姓的日常生活,佛教的象征和崇拜传遍了帝国的每一个角落。从中人们还可以实实在在、具体生动地看到佛教如何作为社会的凝和剂,以共同的信仰和行为将所有的阶层和种族

---

① 谢和耐:《五到十世纪中国社会中佛教的经济问题》,第240—268页。

② 有关民间的佛教参见赖肖尔(Edwin Reischauer)极有价值的研究:《圆仁的唐代中国之旅》(*Ennin's Travels in T'ang China*, New York, 1955),第164—216页。

联结在一起。

照理说,这样一种普遍的信仰应该会对制度和行为模式产生广泛的影响。比如,佛教有关慈悲和尊重生命的教导应当极大地缓和了中国刑典中残酷的惩罚律条。至少有零星的证据说明佛教确实起到了这个作用。因此,隋唐时期朝廷特赦,尤其是对死刑的赦免,在佛教教法中找到了部分的正当依据。这些朝代延续了以前政权的佛教习俗,禁止在正月、五月和九月三个佛教斋月*里执行死刑或者杀任何活物。①

讽刺的是,国家也用佛教来改善其军队的心理状况。中国对孝行的尊崇冷却了军事的热情。每个人都背负着沉重的义务:死后要完整无缺地归还他的身体以示对赐予自己身体的父母的尊敬。甚而说一个人能够期望的唯一的不朽是在家族墓地和宗祠里受到子孙后代的供奉。士兵们因此害怕在战争中死得破相毁形,葬得远离家乡。中国佛教

---

* 阴历正月、五月、九月等三个月份称为三长斋月、善月。传说天帝释及四天王等要在这三个月巡察人间善恶,因此在这三个月中,人们应当谨言慎行,断恶修善,持斋积福。——译者注

① 参见《唐会要》(*T'ang hui-yao*, Commercial Press edition)卷四十一,第733页。

有关灵魂的思想带来一种新的不朽观念,隋唐时实兴在战争的主要交战地建造战地庙,为阵亡者的灵魂安息及其彻底的解脱提供永久的安抚。

更值得注目的是,佛教发展为共同信仰的同时,随之而来的是各种慈善事业的巨大增加。佛教的僧人们率先开创义诊。疫疾蔓延时期,佛教僧团在疫病流行区照顾成千上万的人。他们建起免费的医院,唐代时国家也给予支持。圆仁记录了佛教团体提供免费或低廉的宿处,还进行架桥或沿着交通要道种植遮荫树等慈善事业。

这些事业的性质和规模说明了佛教对中国社会产生深远改变的两种方式:一种是与本土长期盛行的家族主义和特殊主义的传统相对的普世伦理;另一个与此相连,是宣传业绩和忏悔性供养的观念。如谢和耐所示,人们认为捐献供养以求众生的福祉这样虔诚的行为可以减轻捐赠者过去世的恶业所累积的重负,而且可以补偿此生的自利行为。牺牲自我的出家人效仿菩萨为了饶益一切而真正献出所有,提供了供养布施的典范和激励。受此感动的穷人们供养几个铜板或微薄的所有,而富人们常常捐赠土地,土地的收入可以提供连续不断的赎罪性的供养,从而给他们带来永久的精神福报。尽管如此,不能简单地认为佛教的普世伦理取代了中国人旧有的家族情感,而是如我们在分裂时期的佛教铭文中看到的,供养虔诚的制作品经常局限于为供养人的家庭和宗族利益服务。正如我们将要看到的,这种佛教伦理的普世主义和中国伦理的特殊主义的混合最终形成了10世纪开始发展的新儒家的一部分。

现在让我们转向巨大的佛教运动,这是为了回应中国隋唐社会的需求而形成的,反过来又塑造了中国佛教思想和行为的发展模式。早期伟大的翻译家和精神领袖使深入理解佛教成为可能,这些运动正是建立于对佛教知识深化的基础之上。尽管这些运动的观念和行为根本的起源是印度,但是它们确确实实是中国式的。固然唐代最伟大的翻译家和注释家们学了梵语,不需依赖汉语翻译和注疏来理解佛教教义,如伟大的朝圣者、翻译家玄奘是其中一位杰出的代表,但是梵语从来没有成为像西方的拉丁语那样的"经堂语"。有这种语言知识的中国佛教徒只是极少数,而开创性的思想家和中国佛教宗派的建立者们中的大多数——如果不是全部的话——只懂汉语。而且,没有一个像罗马或爱资哈尔*那样的权威中心,检束遍布南亚和东亚的佛教思想家们的教义革新。简言之,要充分理解这个时期佛教的

---

* al-Azhar,埃及爱资哈尔大学,10世纪时原为清真大寺,13世纪时改为大学,是世界上最早的大学。——译者注

宗派和运动，只能根据中国思想的诸传统和长期的倾向，以及当时中国人的精神与智力的需求。

在所有宗派的思想和著作中都存在着印度本来没有的侧重点、表达方式和诠释。比如，印度的抽象概念几乎都用具体的形象来解释。我们可以看到"完满"（perfection）被翻译为"圆"，"本质"（essence）被解释为"眼目"或"眼睛"，"本性"（one's true nature）称为"本来面目"。[①]复杂的抽象概念可能化为概略性的解释，一系列抽象的表述链常常简化为一连串多多少少具体化的暗喻。[②] 这一独立发展期的中国佛教思想的革新很少系统性地扩展印度观念，而是以典型的中国式的思想和表达方式再诠释、再陈述这些观念。

中国的禅宗（日本称为 Zen）是最有影响的宗派之一，对中国的精英阶层有着特别的吸引力。虽然禅宗从唐朝起才完全成熟，但是作为一个宗派的起源至少可以追溯到 6 世纪，它的中心教义——佛性内在于所有众生，通过禅修和内省从无明中解脱而得到开显——可以追溯至更早的时期。如我们已经看到的，这些教义在 4 世纪的哲学讨论中

[①] 例子引自于中村元：《东洋人の思维方法》（Hajime Nakamura, *Tōyōjin no shi-i hō-hō*，东京，1948，I），第 348 页及以下。

[②] 同上。

已有预示。

4世纪有关觉悟过程的论争同样也是如此,该论争传统使得唐代的禅宗分为两个主要的分支。在这个论争中,一支主张开悟是刹那顿然与彻底明了地达到的,而另一支则认为是许多阶次的戒与定的长期修习过程中达到。禅宗的顿支(subitist)与本土的道家传统有更近的关系,但两个分支最好都理解为佛道思想的复杂融合。对语言的怀疑、具象隐喻和类比的丰富储备、对悖论的喜爱、对书籍的排斥、相信直接面对面地而且常常是无言地交流洞见、相信亲近自然的生活方式有益于开悟,所有这些都涂上了道家的色彩。事实上,禅宗可以被视为强力的中国思想传统对印度佛教典籍冗长、经院化、单调的逻辑证明的反动。而且,成为主流的禅宗顿支主张一种与中国人的一贯信念相合而对于受种姓制度束缚的印度来说格格不入的救赎理想,即:一个人可以在其一生中通过自身的努力而到达巅峰。① 儒家传统称之为"人皆可以为尧舜",道家则以诸多故事,描述不识字的工匠对"道"的理解超过了那些社会地位比他们高的人。

---

① 谢和耐:《菏泽神会禅师语录》(Jacques Gernet, *Entretiens du maître de Dhyāna Chen-Houei de Ho-tsö*, Hanoi, 1949),第4页。

禅宗那吊诡的直觉哲学、对个体开悟的强烈专注、对本性内有的"道"或"佛性"的认识，对艺术家、作家和所有那些长期或暂时地追寻沉思生活的人们有着难以抗拒的魅力。唐代的诗人经常描写他们在禅宗寺院里的隐修或者与禅宗大师的对话。禅佛教时常得到有交感的皇帝的喜爱和支持，到了唐代，它成为一个佛教宗派，强烈而持久地吸引着文化精英阶层。在佛教其他派别衰落后，禅宗的影响仍长久地持续着。

另一个侧重点不同的宗派是天台宗，它以浙江的一座山而命名，其创始人智𫖮（531—597）在那里建立了这个宗派的首要寺院。智𫖮，像许多其他的中国佛教徒一样，非常困惑于佛教教义的多样性，以及时期与起源不同的佛教典籍中相抵牾的教导。他发展出了一种可称为是基于历史原则的调和主义。我所指的是他建立了佛教判教的学说，认为佛教教导的每一个层阶对应佛陀生平的一个时期，以及他在那一时期所面对的受众类型。在智𫖮看来，教义的每个层次，即趋向佛教真理的每一步，均具有特定的有效性，然而最终的或最圆融的教义呈现在《法华经》当中。

虽然天台宗的仪轨、造像和修心方法都源自于印度佛教，但是它在几个方面明显中国化了。它反映了中国人调和不同观点的长久努力，或许它本身就反映了中国人高度倡导人事和谐的重要价值。其调和的基本方法——一种历史的相对主义,可追溯至周朝的古典哲学。由于这种减少教义抵牾的方式,天台宗自然对于重新统一的隋朝有着强大的吸引力。唐朝时它持续地繁盛。它的吸引力,在当时和以后,都主要地指向精英阶层。

在哲学选择或崇奉特定经典权威的光谱中,还有其他的宗派占据了一定的位置。如同中国哲学的学派,佛教宗派很少是教条的或独断排他的,对于中国知识分子来说,当他的兴趣转变时,从一派转到另一派是很平常的。许多宗派吸引力有限,存在时间相对较短。然而重要的不是一些宗派兴盛另一些衰退,而是佛教以或此或彼的形式极大地迎合了上层的智力和精神需求。禅宗提供了精神上的激励,知性地深化了道家传统的延续;而其他宗派则提供了学问和自我修养的模式,以及更为开阔的时间观、人性观和命运观,这远比支离破碎的还停留在怀古层面上的儒家传统更令人满意。

佛教宗派的活动对哲学、美学、文学和艺术的影响,还不足以全面说明我们在这一章的前面所描述的生活方式的转变、共同的态度和价值的转变。相信诸佛菩萨的拯救力量这一信仰,逐渐流行于中国社会的各个阶层,它存在于上述所有个人和集体行为的新模式中:从僧侣们惊人的自我奉献到农夫给乡下小庙的微薄供养。考虑到在不同的宗派、流派和崇拜中都体现出的这种信仰的性质,应该清除长久以来蒙蔽了中国宗教阐述的毫无根据的迷思,即认为中国人是理性的、民族中心主义的,因此对宗教感情有些免疫。我们只需让这种迷思对质于2世纪时的黄巾军起义或中国伊斯兰教徒的宗教感情,即可明显地看出,中国人具有强劲而持久地献身于某种拯救信仰的能力。独立发展期的救世佛教既不是特例,也不是一个"理性的"民族暂时的"出轨"。

慈悲的菩萨会介入人们的生活,从危险中救度他们,并助其幸福,更重要的是,引导他们在死后达到至福,这种观念在诸多大乘佛教经典中都有描述,通过居士和僧人的传讲、菩萨救度点化的传说故事、以中国人的口味写成的民间伪经,以及因果业报和佛菩萨显灵的实例汇编,在普通百姓中得以流行。众多佛教神祇中的每一位都主持一个多姿多彩且描写得引人入胜的佛国,而与此相对的是数不尽的苦难地狱。信仰未来佛弥勒会度化信仰者到他的净土,以等待他主持的更好新时代到来,这种弥勒信仰逐渐被弥陀(中文阿弥陀佛,日文 Amida)信仰所取代,信仰者可以往生到阿弥陀佛的西方净土。这是最持久的大众信仰。唐代两个次要的崇拜,即观音(Avalokiteśvara)和文殊师利(Mañjuśri)

崇拜,在那个时代非常盛行,二位菩萨都有救度的特殊力量和誓愿。另一个稍有不同的派别信仰《法华经》的力量,认为祈求、读诵或抄写此经能去除世间苦痛和保障死后的幸福。佛教热忱的另一个表现是对供奉在都城和地方寺院里的佛陀或圣者的舍利的崇拜。

与道教模糊的"长生"及其身心养生法相对,佛教提供了丰富的造像和神话,能够点燃即使最为迟钝的想象。佛教取代了早期的自然精灵和保护神,提供了多姿多彩而又富于温情的神、饱含音乐和象征主义的盛大仪式,以及旧宗教从未梦想过的精神回报。

8世纪时,佛教全面而成功地在整个中国建立起来。人们尊敬佛教经典,毫不怀疑佛教的灵性真理(spiritual truth)。佛教标记和影响了唐帝国内百姓和大人物的生活,感染了大大小小每一个社群。那么是什么导致了佛教从9世纪末开始的缓慢衰落?许多因素都在起作用,我将在下一章详细阐述我所认为的决定性因素。佛教在印度的衰微意味着流进中国的新观念逐渐减少。到11世纪,这种输入完全停止了。755年到763年,安禄山叛乱重创了大唐帝国,这个叛乱使中央政府蒙羞,导致国家贫困,而且间接地造成地方的势力中心增长,进一步地削弱了朝廷。叛乱及其后果打击了唐朝的自信,王朝鼎盛时期的四海一家让位于文化的保守防卫,有时演变为仇外。最终中亚对中国造成了威胁,而且回鹘、突厥一再干涉衰落帝国的国事。

由来已久并时常出现的对佛教的攻击如今比以往更能入耳了。指控其外来的出身和"帝国中的帝国",谴责在寺院、造像和典礼上的铺张浪费,攻击僧侣的赋闲和佛教田产的免税,这些在两百年前的唐朝朝廷里就已经遇到不止一个支持者的控诉,如今变成了政策和行动的基础。结果就是842年到845年之间对佛教的大镇压,在帝国范围内毁坏寺院和庙宇,没收佛教田产,迫使僧侣还俗。虽然后来佛教又获允恢复,但是这次镇压以及8世纪以来特定的社会变化,极重地侵蚀了佛教的生命力。谢和耐这样描述这些变化及其后果:

在宗教运动的鼎盛期给予它力量的是它在整个中国社会中的扩张,以及信徒和信仰团体的多样性:高僧的弟子们,附属于寺院和加入僧团的农民们,僧人们那些出身名门的追随者,以及由显贵们支持的团体。这是一种交流,形成了对立阶层中大致共同的宗教典礼,以及把出家人、有影响的家族和普通百姓维系在一起的宗教联合……但是8世纪时在这些传统的结构中发生了深刻的变化,在我们看来,这个世纪是中国佛教史上极为显著的转折点。可以看出那时形成了一个自耕农和佃农的阶层。这种历史现象可以同时被视作某种新的社会关系观念的症状和原因。此后出现了雇主和雇工,而财政领域转向货币经济。追求财利的个人动力和社会各阶层之间愈演愈烈的相互隔离可以合情合理地联系在一起。佛教在发展信徒时适应了旧有的结构。而这些结构的崩溃对这种以普世性为力量源泉的宗教现象起到了瓦解作用。①

更为重要的也许是在已描述过的各种历史力量的冲击下,中国一部分重要的精英阶层开始复兴本土的儒家传统。儒家传统的这种复兴,在我看来,标志着佛教在精英阶层中丧失影响力的开端,也可视为下一章要讨论的漫长的挪用(appropriation)期的第一阶段。

---

① 谢和耐:《五到十世纪中国社会中佛教的经济问题》,第 298 页。

第五章　挪用期

约 900 年至 1900 年

86　　如我们已看到的,9 世纪之前很久,隋唐王朝已经采取了官方行动来恢复在分裂时期中严重衰落了的儒学。这种复兴是有选择的,受到统治政权的政治利益的塑造和局限。首要的制度性表现是科举考试系统,其设计目的是造就一个比以往朝代的基础更广泛的官僚群体,以前的许多朝代事实上是由少数世家贵族把持的。尽管隋唐的统治者对道或佛有强烈的共鸣,科举系统还是不可避免地以儒家科目来设立,因为唯有儒学提供了可用的文典集成,包括政治理论、礼仪惯例,以及朝廷和官方事务的行为准则。儒家经典经过精心的重编,并有官方认可的孔颖达(574—647)的注疏,形成了新科目的核心。于是,权威的诠释提供给家世良好、雄心勃勃的年轻人,让他们能够背记下来以便应付考官提出的老套问题。

87　　隋唐这种儒学复兴的局限性是显而易见的。的确,儒家的学问如今是官场和财富的通行证,并强加于士人阶层有志的年轻人。但是新的权威注疏只是对现存各种解释所做的一次审慎而颇为学究气的筛选,而决不是对作为整体的儒家思想的重铸或更新。因此,那些为了科举而学习的人们对所学的东西感到枯燥而不是受到启发;考试题目则是迂阔的经学或文学练习,而不是对创造性智力的挑战。结果直到9世纪,外来的佛教传统还是智力兴趣的焦点。但是同时儒家基本经典和观念的知识传布很广泛,当上文提过的诸多历史性因素开始不利于佛教时,文人阶层便有一个共享的知识体系。可以想见,这一知识体系为彻底地复兴和重铸本土传统提供了基础。

安禄山之乱及随后的年月里,有学识及良知的人以新的严肃态度对待儒家经典,他们从中寻找方法来诊断那个时代的危机以及解决的方案;他们批判官方的注疏,以及在科举考试中——事实上在所有严肃著作中——都惯常要求的那些文学技巧和引经据典的修辞方法。这些摸索着儒家全面复兴之路的先驱者们大多并不反对佛教,也不自认为肩负着全面审查现存秩序的天职。①

正是韩愈(786—824)这位杰出的辩论家和强烈的仇外

---

① 见蒲立本:《元昊时期的士人史》(Edwin Pulleyblank, "On the Intellectual History of the Yüan-ho Period"),载芮沃寿编:《儒家信念》(A. F. Wright, ed. *The Confucian Persuasion*, Stanford, 1959.)

者,集合了他的前辈们的批评,并写下文化复兴的方案:肃清佛教盛行的年代里中国传统所有的有害赘物,直接回到中国圣人制定的不朽真理,联合所有善意人士建立一个在此真理之上的新秩序。虽然许多同时代的人都认为他粗鄙而狂妄,但是他的计划预示了即将来临的复兴。11世纪的学者欧阳修更全面、更有先见之明地陈述了复兴要采取的形态。

欧阳修在《本论》中批判了佛教对中国的渗透,并将其归为——我认为很正确——中国制度的普遍衰弱,尽管他对佛教之前古代社会的理想化观点是一厢情愿,而不是历史性的判断。他承认复兴儒家的任务很不易:"夫千岁之患遍于天下,岂一人一日之可为?民之沉酣入于骨髓,非口舌之可胜。然则将奈何?"他的结论是:唯一的解决之道在于纠正恶之"本因"。他举出了可以指导这个纠恶过程的历史例证:

> 昔战国之时,杨、墨交乱,孟子患之而专言仁义,故仁义之说胜,则杨、墨之学废。汉之时,百家并兴,董生患之而退修孔氏,故孔氏之道明而百家息。此所谓修其本以胜之之效也。①

---

① 见欧阳修:《本论》,《四部丛刊》初编,CXCIII,第150页。

这里欧阳修祈灵于董仲舒的例子很引人注目。因为如我们前面所说,汉代董仲舒通过把挑战儒家权威的竞争学派合并进他的新综合体中而"复兴"——我们说是重组(reformulated)——了儒家。这也正是 11 世纪儒家复兴时处理竞争性的佛道传统的方式。这是儒学第二次重要的重组,如第一次一样,发生于佛教或陈旧的儒学都不足以应对政治和社会变化带来新的问题之时。此章的下文我们会触及到宋代时中国社会的一些变化。

宋代复兴的儒学——西方人称其思想主体为新儒学——主要关注点是社会和伦理。如狄百瑞所指出的,早期的儒学思想家是一些致力于根本改革过时的制度、创造新社会的新精神的人。① 这意味着他们强烈地抵制彼岸观念、反社会价值观这些他们认为与佛教相连的思想。他们以某种方式让自己和其他人确信,佛教的入侵使得中国的思想和社会偏离了古代圣人制定的一贯正确的规则,故而他们感到自己的使命是清除中国的思想和行为中的外来杂质。然而他们在许多方面又受制于他们想要取代的传统。

---

① 狄百瑞:《重估新儒学》(W. Theodore de Bary, "A Reappraisal of Neo-Confucianism"),载芮沃寿编《中国思想研究》(Arthur F. Wright, ed. *Studies in Chinese Thought*, Chicago, 1953),第 81—111 页。

朱熹,新儒学的权威缔造者,视佛教如大敌,他一心想用他的新学说把同时代的知识界争取过来。为了这个目的,他必然涉及佛教提出的整个范围内的哲学问题,并提供不同于佛教的解决方案。① 因此他的思想中形成的宇宙论、一套形而上的概念、一连串心理观念,孔子或董仲舒也许不能理解,但是那些有佛教背景和兴趣的同时代人却既能理解又受其吸引。新儒学的塑造者们生活在充满了佛教影响的氛围里。甚至可资他们使用的语言和谈辩模式也是发展于佛教盛行的时代。正是佛教的经验教导他们从古代中国经典中寻找和发现了新的意义维度。

因此,在新思想体系的许多关键的概念中,人们可以清楚地看到佛教经验的层累影响。比如二分的"理"与"事","理"在佛教之前的含义仅仅是理性的秩序,后来变为大乘佛教式的普遍绝对,如戴密微指出的,类似于新柏拉图主义的"一"。新儒学"理"与"事"的对立,很像佛教中绝对原则之"理"与事实或事件之"事"的对立。②

---

① 参见盖伦·萨金特:《朱熹与佛教》(Galen E. Sargent, *Tchou Hi contre le Bouddhisme*, Paris,1955),第 7 页及以后。

② 戴密微:《佛教在中国哲学传统中的渗透》(Paul Demiéville, "La Pénétration du Bouddhisme dans la tradition philosophique chinoise"),第31 页。

新儒家的朱熹和后继者们强调逐渐地积累有关最高原则及其在现象中展现的知识、领悟和道德完善。如果他们是新儒学唯一的派别,那么也许那些将内省和直觉作为觉悟和自我实现途径的人们还将是佛教的追随者。在朱熹之后的两个多世纪,那些对这样的开悟途径感兴趣的人仍然会转向禅宗,而且禅宗保持着对文学和艺术的重要影响。然而,最终佛教还是受到了第二种新儒学的挑战。如同禅宗那样,这种新儒学强调通过对内在的终极实相的片段进行沉思来达成对终极实相的直接把握。王阳明(1472—1529)最全面地阐述了这种新理论,同时还提供了行为的指导,使得他的教导与士人官员阶层的活跃生涯极为相契。王阳明的敌人称他为伪装的佛教徒,然而处于中国人背离外来的传统并搜刮自家库藏来获取佛教思想的有效替代品的时期,"伪装"是至关重要的。

事实上,新儒学的两种传统与两种从佛教盛行时期的论辩中发展出来的通往觉悟和自我认知的途径有关。朱熹学派代表渐进的倾向,而王阳明学派代表顿悟派。这是再生的儒学挪用佛教思想的主要方式,随之而来的结果是佛教哲学慢慢地不再是知识分子的兴趣焦点,这一地位由本土的对手取而代之。

新儒学如果仅仅是西方意义上的"哲学",那么它不可能直到晚近时期还支配着中国人的生活和制度。它的力量在于它对集体和个人生活行为提供全面指导,在于它为政府和社会控制提供了处方,在于它的审美标准和道德判断标准。新儒学在这些方面影响政治和行为时,人们可以再次看到挪用自佛教的观念普遍而深入的影响。

在宋代及之后的社会改革家和政治家中,人们可以看到理想主义的张力,看到在唐代儒学陈词滥调中见不到的高涨的社会道德责任感。这可以从范仲淹(989—1052)、王安石(1021—1086)及其后世的继承者们所进行的改革计划中看出。范仲淹说明儒士的新理念是"先天下之忧而忧,后天下之乐而乐"。如刘子健指出的"这句座右铭成为政治信仰的信条,深铭于士人阶层的心中。直至最近十年前,它还常常是现代学校的作文主题"①。新儒学表述的这种伦理的普世性因素挪用自大乘佛教。它把寂天(Śāntideva)*善巧

---

① 刘子健:《宋代早期改革家范仲淹》(James T. C. Liu, "An Early Sung Reformer: Fan Chung-yen"),载费正清编:《中国的思想和制度》(John K. Fairbank, ed. *Chinese Thought and Institutions*, Chicago, 1957),第105至131页,引用文见第111页。

* 寂天,8世纪前后的印度中观派僧人,曾住于印度那烂陀寺,著《入菩萨行论》《大乘集菩萨学论》及《诸经要集》,后来其思想由阿底峡传入西藏,对藏传佛教影响甚深。——译者注

地描述的菩萨的理念赋予了中国的本土话语。寂天写道："愿我成为困苦众生的无尽宝藏,让各种需用品呈现在他们面前。为了一切众生的安乐,我无悔地供养自身、资财和三世的一切善业。"(为利有情故,不吝尽施舍,身及诸受用,三世一切善。)①

这种觉醒的社会良知影响到了实践的层面。新儒学第一次被阐明的时代——宋代以慈善和救济的工作而著名。唐朝的慈善工作大部分成于虔诚的家族、寺院或宗教组织之手,与此不同,宋朝的措施是由政府发起并管理的。朝廷法令规定政府负担公共医疗的费用,有遍及全国的救济院体系来照顾年老体衰者和孤儿,并有公共墓地。虽然确实也有佛教僧人被官方任命为这类事业的管理者,但是这首先是由新儒家的官员们发起的。② 在某种意义上,中国政府挪用采纳了佛教慈悲的观念和许多实践的措施。

---

① 参见寂天的《入菩萨行论》(*Bodhicaryāvatāra*),译文见托马斯《佛教思想史》(E. J. Thomas, *The History of Buddhist Thought*, London, 1933),第197页。无数的佛教典籍中都说明和详细阐述过菩萨的理念。如玄奘翻译的《俱舍论》(*Abhidharmakośa*),《大正藏》第二十九册,第64页。

② 参见许义堂:《宋代的社会救济》(Hsü I-t'ang, "Social Relief during the Sung Dynasty"),孙任以都(E-tu Zen Sun)与约翰·弗朗西斯(John de Francis)翻译,载《中国社会史》(*Chinese Social History*, Washington, 1956),第207—215页。

儒学有了新的智性内容、个人和集体行为的新理念、制度生活的新规则。政府机器在巨变的社会中影响日益扩大，不断传播和推广此儒学。我们现在转向这些变化。

在宋代及其之后的社会中，佛教进一步被本土传统挪用，逐渐衰落。此时的社会和唐朝时已有了很大的不同。世代都是佛教大护法的豪族已经永久地消失，社会流动性比以往任何时候都加剧了。没有围墙的大都市是不断扩张的商业和工业生活的中心，并产生了新财富和热衷于权力的新家族。已无可开拓的边疆，士绅家族在购买和开垦可耕地的竞争中起起落落。文人家族增多，来自这些家庭的科举候选人也越来越多。他们为了角逐科举考试而研习朱熹新儒学的权威教导。

其发明与佛教关系密切的印刷术，如今可使越来越多的人研习新儒学经典，从而准备参加科举考试。宋代及以后，遍布的官办和私人书院的繁兴把新儒家思想传播到帝国各处的团体。如今没有佛教的寺院或庙宇能远离传播新儒学的世俗中心了。在这些中心里，新儒学既作为一个思想体系，又作为财富和权力的通行证而被传授。结果富人们更倾向于资助书院的设立，而不是维持寺院或崇拜。有才能的人们渐渐不再认为出家是他们自己或子孙值得选择的生涯。不可避免地，许多曾辉煌一时的寺院沦为废墟。一

位 18 世纪的诗人为我们捕捉了其中一个废弃寺院的情景:

> 古寺僧归佛像倾,一钟高挂夕阳明。
> 可怜满腹宫商韵,小扣无人敢作声。①

人们逐渐背离佛教并不全是因为新儒学智性的和精神的竞争,以及科举制度产生的社会刺激。应当强调的是,从宋朝直到 1912 年,统治中国的朝廷发展了比以前的政权更为精密和有效的机构来强制推行官方的正统。除了高度组织化的科举制度,政府还加强了对所有学校课程的控制,审查和严禁异端或颠覆性的著作,比以往政府更加面面俱到地控制网络所触及的个人的生活和思想。

新儒学不知不觉地挪用了佛教思想中那些有持续吸引力的元素,为精英阶层提供哲学和思想形态。这包括我们已经提及的佛教思想的内在生命力开始衰退,上层阶级对佛教思想的兴趣和投入逐渐冷淡,还包括在业已发展的生活模式中,佛教的观念和仪式的空白点。儒学的新思想、新思想使之合理化的集体和个人的新行为模式,及其向学子

---

① 魏礼:《18 世纪的诗人袁枚》(Arthur Waley, *Yuan Mei, An Eighteenth Century Poet*, London, 1956),第 102 页,此诗题为《钟》,写于 1769 年。

们应许的通往权力的津梁,这一切都给精英的生活和思想赋予了新的统一和连贯性。儒家的帝王和精英们神圣的义务之一是在整个社会内传播正统的学说。在我们关注的这一时期里,政府和官场持续地施压使大众与他们的宗教联结相脱离,从而转向新儒学的世俗伦理。

然而,所有这些因素合在一起也并没有使农民大众像社会上层人士一样变得安静而有理性。他们也许贫困,但并不逊色于上层人士。狂热的造反运动,无数的地方宗教组织,秘密会社的仪式,对灵媒、巫觋的不断资助,对无数神祇的偶像崇拜,见证了贯穿这个漫长时期的高涨宗教热情。早期的佛教以不同的形式在中国社会的两个阶层中形成了共同的联结。而如今与此相反,在精英的理性伦理和农民的宗教风气之间有着显著的裂痕。一位敏锐的观察家提出这两个阶层可视为亚社会,上层是鲁思·本尼迪克特(Ruth Benedict)命名的"阿波罗神的",下层是"酒神的"。① 在某种程度上,这是对的。民间文化中对佛教的挪用应视为不同的过程,它受到了政府政策的影响,但不是决定性的。让

---

① 石泰安:《东方和远东的宗教》(Rolf Stein, "Les Religions de l'Orient et de l'extrême-Orient"),载《法国百科全书》(*L'Encyclopédie française*, XIX, 巴黎,1957 年),第 54—55 页。

我们转向民间层面上挪用佛教的一些方面。

这里我们要强调道教的重要性，至迟在5世纪时它就从佛教中借用宗教思想、神祇和崇拜，并在接下来的一千年中加快了借用的步伐。这是民间佛教在乡村一个强大而灵活的对手。民间道教没有佛教那种智性重负的阻碍，可以在任何有需要时即兴地创造神祇和崇拜，其特殊的力量在于有能力吸收或再吸收佛教传入以前的地方性的自然神祇和崇拜。道教掌握着大多数的传统医药，并实际上垄断了占卜（其中也混合了印度思想）和预言的方法，保证了它有常备的主顾。查尔斯·埃利奥特爵士（Sir Charles Eliot）所谓的中国农民宗教流动的多神信仰帮助了本土的竞争者持续地吸取佛教的神祇和崇拜。

最终佛道元素和民间信仰的元素混合成一种几乎无区别的民间宗教。在某种意义上，佛教的诸神可说是其自身适应性的受害者。佛陀或菩萨很容易被套上地方神的一个或几个属性特征，并被安放在地方偶像的庙里取代地方神，但是随着他的崇拜者赋予其别的属性，其最初的佛教特征就渐渐地湮没了。佛教神祇的中国化至迟不晚于宋代。亚历山大·索伯描述了此过程的一些方面：

> 艺术家们将菩萨的类型从黝黑半裸的印度人转变

为更典雅、著衣的神,面容也适当地变得更白些。信徒们格外尊敬那些号称与中国有缘的神祇。民间的想象开始用佛教的语言表达,创造了一整套新的半神的种类,罗汉虽然有着印度阿罗汉(Arhat)的名字,但是更近似于赏心悦目(picturesque)的"仙"——道教里住山乘云的神仙。①

另一个使罗汉和其他佛教神祇中国化的力量是神灵人源主义(euhemerism),这个热爱历史的民族赋予神历史性格的特征和家谱。因此,比如佛教的神阎摩(Yama)是地狱之王(中文是"阎罗"),变成了隋朝一位死于592年的官员。② 诸神这样的变化反映在中国佛教的造像中。苦行精神以及早期象征智慧和解脱特性的形象在近代已经消失了。弥勒、阿弥陀佛和其他神祇从宗教观念和热望的象征变形为大腹便便的恩主,有着这样那样的世俗关怀,照管当

---

① 亚历山大·索伯:《北宋的皇家寺院相国寺》(Alexander Soper, "Hsiang-kuo-ssu", an Imperial Temple of Northern Sung, JAOS, LXVIII, 1948),第36页。

② 马伯乐:《近代中国的神话》(Henri Maspero, "The Mythology of Modern China"),载哈甘等《亚洲神话》(J. Hackin et al. Asiatic Mythology, London, 1932),第363—364页。

铺行会、地方工业以及求子。

如我们已经看到的,佛教徒早就采取并支持国家万能论(Erastian)的立场,最终给予了皇帝广泛的权力。这种权力不仅控制僧侣和寺院,还包括对神灵本身的控制。皇家命令可以提拔或将诸神降级,赋予或剥夺其属性特征。在挪用期,这种皇家权力的使用给佛教神祇造成了毁灭性影响,有时对立信仰的神——常常是道教的,会被提拔来行使过去被归为佛教神祇的功能。宋徽宗在1116年赋予道教的玉皇大帝在阴间的大权,这过去是由佛教神祇行使的。另一个稍有不同的例子是道教的战神关帝,被最后一个朝代正式赐封为"护国佛"。①

国家权力还以另一种途径促进民间宗教的融合。当实事求是地认识到新儒学不能满足农民的宗教需求时,国家的目标是倡导那些有益于社会顺从、秩序安定和民众和谐的仪式与风俗。偶尔有虔诚的佛教徒皇帝慷慨地赞助大寺院,造就其秋日般的辉煌,而清王朝则支持喇嘛教作为其内陆亚洲政策的工具。但是一个又一个统治者的政策都坚持导向秩序安定的各个宗教信仰和修行的融合。官方的观点

---

① 参见托马斯·华特斯:《中国语言论集》(Thomas Watters, *Essays on the Chinese Language*, Shanghai, 1889),第468页。亦见于此著作的第八和第九章。

是如果佛教信仰的诸元素保持着对一些人的吸引力,并对社会秩序有益,那么就让其存在于调和的合金之中,使之能被居主导性的儒学传统驯化并修改。早在11世纪一位佛教僧人就将对孔子、佛陀和老子的崇拜结合成一位偶像,宋代及以后的许多寺院都有特别的大殿供奉这个崇拜。偶尔虽有官方的主张提出孔子的地位应该适当地高于其他两位,但是这个崇拜仍相当流行,直到19世纪。17世纪一位官员修复了当地的一所寺院,他对三教的评论可以说明官场中对佛教的观点普遍是选择性及实用性的:

> 尝观古帝王之治天下也,静则制之以礼,而动则制之以刑。至刑之所不及化者,往往以神道化之,使斯民视于无形而听于无声。由此观之,古未尝无佛老也。惟以佛老之心以大行吾儒之政教,虽不言佛老可也……虽耳目之愚民,而轮回祸福之说实足以惕人之寤寐而蔽其奇褒荡轶之心。①

---

① 选自安徽安庆的县志,由萧洛克翻译,《安庆的寺院及其崇拜》(John K. Shryock, *The Temples of Anking, and Their Cults*, Paris, 1931),第132—133页。(此引文出自《安庆府志》,清朝陈焯等撰修,清康熙十四年刊本,卷十五,《艺文》上,佟国祯《重建三圣庵石碣记》。——译者注)

这些倾向和政策的结果就是乡下人在地方庙里拜神许愿,日益分不清楚神的出身。1948年一个县的民间崇拜报告报导仅有19.7%的崇拜群体是由可辨认出的佛教徒组成的,并且其中许多神也有与那些非佛教起源的神相混淆的倾向。①

本土的民间宗教道教借用印度佛教里的天国和地狱,并将之转变成业报赏罚的处所;这正是民间宗教张冠李戴的特征。在这个挪用过程中,天国和地狱还保留有作为印度想象物的赏心乐事及剧痛折磨,但是道教传统明确无误地将之定为中国式的官僚体系。阴曹地府的神有组织森严的官僚体系,有保存着卷帙浩大记录的衙门,有承担职能责任的诸司。一个农妇的典型故事可以表明民间中国佛教徒对来生的观念:农妇死后,她的家人通过灵媒(而不是佛教僧人)询问她在阴间的情形。她通过灵媒回答说正在为自己的恶业赎罪,并向相关的衙门申请再生到人间,她的卷宗已在排队,她希望能早点裁决。② 这里佛教业报的思想还依

---

① 贺登崧:《察哈尔万泉的寺院和历史》(William A. Grootaers, "Temples and History of Wan Ch'üan, Chahar"),载《华裔学志》(Monumenta Serica, XIII,1948),第314页。共研究了851所寺院和庙宇。

② 许烺光:《祖先荫覆下》(Francis L. K. Hsu, Under the Ancestor's Shadow, New York, 1948),第173页。

稀可辨，但是阴间的组织体系和再生为人的渴望则完全是典型的中国式的。

在民间节日里也可察知同样的挪用过程。在许多本土信仰和习惯为主的节日中都混有佛教的因素，只有盂兰盆会（梵语 Avalambana）确凿无误是佛教的。不过即使在这一仪式中也引入了其他崇拜的成分，特别是家庭祭拜。而用"盆"作为祭器则源于对"盆"字的错误理解，这个字本来只是对梵语音节"ban"的音译，结果却导致了在节日里对盆子的使用。①

不仅佛教与道教的神和崇拜趋向融合，僧人与道士的角色和职能也是如此。近代的观察者发现道教的能手掌管名义上是佛教的庙，佛教的僧人主持道观。职能上僧人和道士也趋向融合。二者都驱邪治病，都被邀求雨，而且办丧事时也都延请二者。起源可追溯至远古的村镇保护神的庙祠，可以是佛教僧人，也可以是道士。僧人和道士又共同承受着文人的嘲讽和傲慢。这些文人不像他们唐朝的前辈，他们可以自豪于自足的思想体系，尽管其体系从佛教和道教中汲取了大量的思想养分。

---

① 参见伯德翻译的《北京的年俗和节日》(Derk Bodde, trans., *Annual Customs and Festivals in Peking*, Peking, 1936)，第62页。

我们从精英和民众的社会层面探讨了挪用过程,此挪用也可见于不与任何一个阶层紧密相关的那些发展当中。比如,作为中国社会特征之一的宗族组织从宋代以后就超越了阶级界限,将广泛的血缘团体联系在共有的事业和共同的仪式庆典里。这些组织的某些特征,尤其是有益整个宗族的义田观念和功能,都源于佛教。① 有时候佛教的元素会并入支配宗族生活的信条里,尽管这些信条的基础是新儒家的世间伦理,业报的观念只是被借用来增强抑恶扬善的约束力。②

另外,混合了儒教和民间道教元素的佛教的象征体系,也见于秘密会社的思想意识和仪式中,这样的秘密会社在12、13世纪之后中国人的生活中举足轻重。这一点可由弥勒崇拜的标志性色彩"白"在诸如白莲教、白云社这些会社的名称里反复出现来见证。如果说其中某些会社在刚开始时还宣称自己传承自某个来源不明的早期佛教信仰组织的

---

① 见崔瑞德:《1050 至 1760 的范氏义田》(Denis Twitchett, "The Fan Clan's Charitable Estates, 1050—1760"),载《行动中的儒教》(*Confucianism in Action*, Stanford, 1959)。

② 参见刘王惠箴:《宗族规约分析》(Hui-chen Wang Liu, "An Analysis of the Clan Rules"),载于《行动中的儒教》(*Confucianism in Action*, Stanford, 1959)。

话,那么到近代以后,他们则变得和那些靠利益——无论是神异的、经济的、社会的还是政治的利益来维系的伪宗族团体没有多大分别。过去佛教鼎盛时由家族供养的佛教寺院和宗教组织行使的职责,如今由宗族和秘密会社接管了,而且无论何时,只要佛教的元素看来有用,都会被选择性地挪用。

业的观念以中国化的形式,出现于所有类型的文学里,从精英的诗到民间说书人的小说。在小说和戏剧里,它提供了现成的编织情节的手段,以及对不合情理事件的解释,比如解释为什么好人没有好报,坏人却如绿树成荫子满枝。在所有阶层的日常思维里它构成了命运赏罚的通用解释,这种解释的要素可追溯到佛教以前的时代。在佛教传入前,人们认为上天的赏罚会降临在家族头上,后来佛教传入的业因思想,却是以个人为基础的。最终二者交织成一种从宋代起就流行的观点,即上天的赏罚是以家族为基础的,"并且"在多生多世中起作用。①

在一些普通事物及其装饰上可以对这个挪用过程作更

---

① 参见杨联陞:《中国作为社会关系基础的"报"的观念》(Lien-sheng Yang, "The Concept of Pao as a Basis for Social Relations in China"),载费正清编《中国的思想和制度》(J. K. Fairbank, ed. *Chinese Thought and Institutions*, Chicago, 1957),第291—309页。

进一步的观察。坎曼(Schuyler Cammann)已指出佛教造像的元素如何进入世俗的艺术,在那里这些元素逐渐变形,最终退化为无意义的装饰品。① 仔细检查几乎任何一件新近的景泰蓝或瓷器,都能发现许多惯例化的装饰图形源于佛教。

以上这些足以显示从 10 世纪到 19 世纪这一漫长时期中特有的种种挪用方式。我们所考察的这一挪用过程促使我们注意到佛教作为宗教的某些局限和弱点。汤因比评论说大乘佛教是一种在政治上无能的宗教,我们得说它在中国的历史记录证实了这一点。② 尽管它偶尔地用于政治目的,如为权力加冕或为战争正名,但是,把世间万物的本性看成是虚幻、短暂的这一基本前设阻碍了它形成一种全面的政治理论。大抵说来,它的信徒会辞去无论好坏的一切职务,因为对他们而言这些职务只能控制那梦幻泡影般的世界的一个局部,而控制的时间又不过是无限永恒中的一

---

① 坎曼:《中国艺术的象征类型》(Schuyler Cammann, "Types of Symbols in Chinese Art"),载芮沃寿编《中国思想研究》(Arthur F. Wright, ed. *Studies in Chinese Thought*, Chicago, 1953),第 211—214 页。

② 汤因比:《历史研究》(Arnold Toynbee, *A Study of History*, IX, London, 1954),第 40—41 页。

瞬。有时佛教僧人有政治性的行动,但是他们受限于自身的视野和戒律,同时也受到政府手段的控制。因此他们无法建立基督教在西方世界进入社会政治领域的"教会"。

有学识的佛教僧侣倾向于越来越远离信徒,并放弃了政治和社会行动的领域,乃至艺术领域,将其割让给新儒家们。乡下的僧侣们,如我们看到的,已与民间宗教的道士几乎没有区别,不要求忠于任何信条或法则地服务于地方百姓的需要。既没有富于战斗精神的传教僧侣,也缺乏有组织且训练有素的居士。故而新儒学形成并主导了精英阶层的阿波罗文化,而受到新儒学影响却未受其支配的古代民间信仰和习俗再次接管了百姓的酒神文化。

尽管如此,佛教对于近代中国的精英和民间文化都贡献良多。如我们已看到的,对佛教的挪用并不是一个"吸收"(absorption)的过程——若是"吸收"意味着吞没和不留痕迹的同化的话。所谓"挪用"绝不是这样的。"中国同化入侵的民族和文化"只是苍白和虚妄的神话,它的虚假性在我们刚刚回顾的过程里得到了最好的证明。

我们对佛教在精英及民众层面的挪用的考量将我们带到了帝制中国崩溃的前夕。下一章里我们要触及中国佛教在20世纪的角色和意义。我们将探索回顾过的漫长历史的价值,以及佛教对于明日的中国文化可能的贡献。

第六章　佛教在中国的遗产

检视佛教在近代中国的遗产,从两个层面考虑比较有效。第一层面包含思想、语言和文化的元素,这些元素已被彻底挪用,以至于人们忘了其来源。另一层面则涉及那些自觉的努力:认同、重新诠释并运用佛教遗产的元素来应对近代西方力量的冲击下中国传统文明粉碎的问题。在这两个层面上考察佛教遗产时,我们同样要考虑到精英文化和民众文化的差异,他们态度和兴趣的迥异在佛教和中国文化交互作用的整个历史进程中极为关键。

佛教最明显和深入普遍的遗产之一可见于近代的中国语言。从田间百姓的谚语到知识界的正式用语,源于佛教的词汇被已不知其出处的人们频繁地使用着。举例来说,"玻璃"这个普通的名字是一个梵语单词音译的讹误,许多宝石和半宝石的名字也有着相似的成因。许多树木和植物的名字亦是如此。另外一些指涉普通物体、姿势和表情的词语有特别的含义,这种含义最初是在用于佛教时被赋予的。另外一些佛教独创的词汇,以截然不同的意思进入了日常的语汇中。①

佛教还留下了另外的语言遗产。19、20世纪西方文化侵入中国,西方的宗教、技术和政治理念的传播者们在中国历史上第二次大范围地传入大量的外来思想和术语。在很大程度上,这次新挑战的应对受益于长久以来由处理印度语言的努力而开发出的资源:包括提高了水平的语音和语法分析技巧②,以及表达印度词汇及思想时形成并惯例化的语言技法的宝库,这具有更直接更广泛的用途。入侵的文化再一次地以屈折的多音节字表达其思想,于是当初音译印度和中亚词汇时创造的汉字派上了新的用场。最初为了迻译不可译的印度词语而形成的音译方法,如今用于翻译《圣经》和西方历史、哲学中的专有名词、不可译的科学和人文术语。这些技巧如今引进了无数的西方观念,比如"romantic"没有相应的汉语词汇,译为了"浪漫","mondern"是"摩登","motor"是"马达"。留下记录的佛

---

① 参见托马斯·华特斯:《中国语言论集》(Thomas Watters, *Essays on the Chinese Language*, Shanghai, 1889),第379—496页。

② 参见讷色恩:《中国音韵学中的印度影响》(A. von Rosthorn, "Indischer Einfulss in der Lautlehre Chinas"),见《维也纳科学院会议报告》(*Sitzungsberichte, Akademie der Wissenschaften in Wien*, CCXIX, 1941),第22页。

教翻译家们早在一千五百年前已经设法解决相似的难题,而很少有西方文化的传教者或中国的译者充分意识到这一可资他们利用的相关经验的宝藏。但是,哪怕是无意识的,这些西方事物的现代传译者们也从古代先辈们那里受益良多。

第 5 章里我们已提到了中国佛教文化遗产的许多元素,这里我们可以提及的有民间对"业"与"来世"的看法、民间宗教的神、象征和仪式明显源于佛教的节日、建筑及其他造型艺术中的装饰主题、由于借鉴了佛教而变得更丰富的那些文学和音乐的体裁和手法。我们可以无限地扩展这个清单。但显然佛教不再是一个可明确定义的传统、一个连贯一致的信仰体系或一种截然不同的生活方式。传统已成为碎片,我们考察过的那些漫长时期里引进的元素已融入本土文化的这条或那条线索之中。直到 19 世纪末 20 世纪初,新的压力才使得少数中国人探索着将佛教作为一个独立而完整的传统来复兴和重建。简要地考察这些努力或许可以照亮我们所回顾的整个历史进程。

近代中国重新发现佛教的背景当然是中国文明自身的腐蚀和崩溃。1850 年以后危机重重的百年里,知识分子——儒家士大夫,原先是自己文明的自觉捍卫者,后来变成了批判者和改革者。最终,当传统文明除了断瓦残垣以外无所遗存时,这些人转向寻求新的观念和制度,希望能够为中国提供可行的新秩序的基础。他们对近代危机中的中国社会的诸多批判性观察之一就是:士大夫阶层和大众之间隔着一道鸿沟,互不往来;前者拥有曾经自满自足的新儒家的人生观和生活方式,而对后者来说,旧秩序容许一种佛道杂糅的多神和偶像崇拜。身处近代危机深重社会的中国观察者们向近代西方寻求解决之道。他们自认为看到在西方诸民族的社会由一个共同的信仰联结成一个整体,并被灌注生气。曾一度致力于佛教研究的伟大改革家康有为(1858—1927),认为补救之道在于重铸儒学,使之成为现代化国家的宗教。其他人则转向中国的佛教传统。

社会和政治瓦解的步伐加快时,中国的知识阶层趋向于文化的保守防卫,在自己的历史里翻箱倒柜,寻找西方思想的对等物或先兆。因为西方在世界范围内取得了成功,故而其真理看来是无可辩驳的。这种文化上的保守几乎传遍了亚洲,中国和其他地方常常以佛教传统作为他们的防卫中心。戴密微总结到:

> 首先他们尽力表明西洋并没有新的发明,比如佛教是民主的,因为它本质上是平等主义,寺院僧团的决

定取决于多数的投筹表决;它是人道的,因为在经典教义中,只有人是重要的;它是共产的,因为最初的宗教团体不分阶级,并且财产公有;它是理性主义的,因为解脱是一件理性的事,与任何超验无关;它有关空性的教义和辩证法是康德式和黑格尔式的;它否定一切本质并坚持一切皆苦是存在主义的;唯识宗的理论是弗洛伊德和荣格的先驱。(他们所承认的)这种种特征并不总是佛教现成具备的,但人们只需对其稍作改良,即可使之与近代社会相适应,乃至置于可以同基督教甚至马克思主义分庭抗礼的地位之中。[1]

改革家梁启超的著作表达了这种文化保守,他认为佛教有关"业"的义理优于达尔文和斯宾塞的理论,指出佛教中也有比西方的自由主义更先进的形式,诸如此类。而且他宣称中国在大乘佛教的形成中起了关键作用,从而在中国的优先性和优越性清单中添上一笔。通过列数这些优点,他设法恢复自己和同胞们对于自己文化的创造性那逐

---

[1] 戴密微:《东方和远东的宗教:现实趋势》("Les Religions de l'Orient et de l'extrême-Orient: Tendances actuelles"),载《法兰西大百科全书》(*Encyclopédie française*,XIX,巴黎,1957),54/ I。

渐衰微的信心。①

全面重估中国的历史是另外一种迥然不同的刺激,也导致了重新审视中国的佛教遗产。这种重估常常由自觉或不自觉地提出的这一问题引出:"是什么将我们的文明从伟大的巅峰带入了混乱和耻辱的深渊?"胡适和其他学者们开始一项重大的任务,即重新发掘被儒家史学家基本忽视的中国历史中的佛教篇章。胡适最终的发现等于是对佛教的控诉。他发现是佛教使得人道、理性和原科学的中国文化偏离了其井然有序的发展进程,这一进程原本可以使得中国文明在近现代社会中与西方平起平坐。他指出新儒家们的失败之处是未能"复兴一种世间的思想,并建立一个世间的社会,来取代中国中世纪的彼岸性宗教。他们之所以失败是因为他们无力反对一千多年来的印度化的重负"。很自然地,他为中国的落后开出的处方是:"借助于现代科学技术新的助力,以及新的社会科学和历史科学,我们自信我们可以迅速地从两千年来印度主导的

---

① 参见列文森:《梁启超和中国近代思想》(J. R. Levenson, *Liang Ch'i-ch'ao and the Mind of Modern China*, Cambridge, Mass., 1953),第129页至132页。

文化中解脱。"①

这些探索者寻求一种新的社会黏合剂,或者西方文化的对等物,或者解释何以落后于西方文化;另外一些人则指望现代化的佛教可以提供一个新的意识形态,帮助东亚团结一致对抗入侵的西方。日本军国主义者和中国傀儡政府在 1937 年到 1945 年间建造与维修寺院,资助佛教居士团体,并试图用中日佛教作为两个民族间的纽带,代表他们对西方帝国主义的"共同反抗"。

对佛教重新兴起的种种各不相同的兴趣广泛地表现在很多智性的、政治的和社会的活动中。若略加考察,我们可以大体地省思佛教在近代中国处境下某些固有的无力和佛教在未来中国文化中可能担当的角色。

重要的是,近代中国佛教真正的复兴大部分是由于居士的努力,他们感觉佛教伦理可以重新联结分裂的社会,佛教思想加深人们觉知身居其中的世界的变化。居士领袖看到,旧式佛教僧侣——哪怕受过教育者——皆沉溺于浑噩

---

① 参见胡适:《中国的印度化——文化借鉴的一个个案》(Hu Shih, "The Indianization of China: A Case Study in Cultural Borrowing"),载《独立、和会与借鉴》(*Independence, Convergence and Borrowing*, Harvard Tercentenary Publications, Cambridge, Mass., 1937),第 247 页。

和绝望,这种教义合理化了他们的挫败感:末法时期的人所为有限,只能指望自身的解脱。佛教居士自己组织起来,通过各种努力重拾活力、更新佛教,以适应现代中国。他们建起了印经处,出版了杂志和书籍,重新校印了佛典。许多省市都有研究团体和信仰团体,不过这些新行动的中心是在长江流域和南方的沿海城市。他们举行有关宗教和社会问题的全国会议,募集资金建立新的佛学院培养现代僧侣,努力成立现代组织,如 YMBA 和 YWBA*。1914 年,中国佛教协会成立,以反对将儒教定为国教。中国佛教协会一直作为全国性的居士和出家人的组织保护和提高佛教的利益。然而由于显而易见的原因,它的结构松散无效,而且也缺乏有能力的领导者赋予其活力。

所有这些新行动大部分仅限于受过教育的阶层。佛教保留了社会性的分化,读书人拥有更新了的佛教思想和零星的现代化制度,留给农民的还是他们旧有的中国化的偶像崇拜和腐化而目不识丁的佛道士。我们注意到从唐朝秩序衰落之后,宗教的社会性分化就给佛教造成了严重的影响。近代中国佛教的复兴没有能弥补这个鸿沟。我们可以说这是驱动

---

* 全称分别是 Young Men's Buddhist Association 和 Young Women's Buddhist Association,即 19 世纪末成立的佛教青年会。——译者注

力、见解和活力的失败,但是我们必须在佛教从往昔继承而来的教义和组织上的局限性中寻求一个更完整的解释。

近代中国佛教的智性魅力仅仅吸引了新的政治和社会领袖中屈指可数的极少数人。许多领袖接受的都是过去的旧式教育,被灌输的是新儒学对佛教思想的嫌恶和蔑视。佛教思想和术语艰涩难懂,而且缺乏与西来的新思想如影随形的那种新颖和成功的光环。这个时代,知识分子和政治领袖们的心态是号召积极的行动计划,此时的佛教即使加上其全部的新社会意识,在大多数人看来它教导的仍旧是消极被动和忍耐顺从。后来成为中国共产党的奠基人之一的陈独秀,充分表达了对中印宗教消极性的厌憎。他认为,西方通过艰巨卓绝的冲突和流血才赢得了卓越,而东方则是惰性的、以和为贵的、软弱无助的。他赞成西方的尚武精神和力本主义(dynamism):"东方民族或许认为所有这些是疯狂的,但是这些爱好和平、宁静与和谐的东方民族如今处于何等境况之中?"①诚然,陈独秀和像他一样的人兜售的

---

① 参见史华慈:《陈独秀与对现代西方的接受》(Benjamin I. Schwartz, Ch'en Tu-hsiu and the Acceptance of the Modern West),载芮沃寿编《中国对舶来思想的反应》(Arthur F. Wright, ed., "Chinese Reactions to Imported Ideas"),《思想史杂志》(Journal of the History of Ideas, XII,1951),第65页。

是可疑的陈词滥调,但不应当模糊这个事实,即他们是在热诚地为中国的病症寻求解决之道,而他们理解中的佛教精神对他们来说是极可痛恨的。

另一个使佛教在现代中国的复兴夭折的缺陷是它不关心政治的特性。我们已指出它的政治消极性以及对国家的卑顺,贯穿了它在中国的大部分历史。在眼盯着西方宗教的独立、尚武的现代中国人看来,这显得不合时宜。佛教的出家人及居士与中国北方的军阀和平相处,与中日战争期间的日本傀儡政权和平相处,与已采取极其严酷的政策反对寺院和僧侣的国民党和平相处。在那些支持革命性的变化,或支持一个多元社会中保持国家与由共同信仰维系的团体之间新权力平衡的人眼中,这种消极性是极为不利的。

数世纪以来佛教的护教者设法划出佛教与儒家的教义和信仰二者各自的势力范围,他们说儒学详细规划"此时此地",而佛教则横跨其两端,在一个连续体中解释过去、现在和未来。然而这个连续体是精神性的,是根据个人过去的所为、现在的行为和未来的善报恶报对其命运作出的解释。近代中国两种燃眉之急合力将佛教排除在知识分子的选择范围之外。第一种正是高于一切的对"此时此地"的关怀,诊断并开出处方治疗中国的绝症。另一种与此相连,关注的是作为整体的中国,无论从民族、社会还是文明的角度。这两种关心使知识分子的兴趣不是聚焦在个体的精神命运上,而是放在宣称解释国家、经济和社会动力的历史与社会理论上。佛教不能提供这样的理论,并且缺席了正在兴起的革命和唯物主义的潮流,这种新潮流不仅给中国人提供了对他们困境的解释,而且还提供了方案,可以将中国放到这个或那个所谓进步的普世性自动扶梯上去。

围绕着中国困境的重大而迫切的难题及其可能的未来,产生了激烈的争论风暴。这个争论的一个阶段是1923年的"科学与玄学"之争,真正的论题不是科学是否比形而上的思想更优越,而是哪一个前景能帮助中国重获力量、完整和自尊。那些继续说着宗教或形而上名词的人,无论他是欧洲人还是亚洲人,都遭到了各种攻击。罗素、杜威的追随者和人数一直在增加的马克思的信仰者们断言"宗教的时代"在所有发达国家都已是明日黄花,向现代开拔的中国不应该采取倒退的步伐。

20世纪20年代的反宗教运动广泛而公开地表达了这种观点。除了其他许多事件之外,还响起这样一种呼声:西方正通过传教士想要给中国套上西方自己终于成功地摆脱了的宗教重负。所有的党派和团体都深恶痛绝并公开谴责的不平等条约里包括有传播基督教的权力。人们也没有忘记日本将派遣佛教使团的权力强加在与战败的中国签订的条约中。1924年泰戈尔访华时宣扬东方精神比西方的物质主义更优越,他被攻击成东方宗教无用、被动性的活生生象征,正是这种被动性使得印度沦为殖民地、中国沦落到半殖民地的处境。泰戈尔呼吁打开印中之间广泛的文化交流途径,在共同的精神性中联结两个国家。对这些呼吁,人们都置若罔闻。① 无论是他的教诫还是正在进行现代化的佛教徒们的宣言,都没有给中国的解救提供任何实在的、全面的方案。

如我们已经看到的,隋唐时期起政府就将佛教用作外交政策的一个工具,清朝使用喇嘛教。但是也有中国人真诚地将佛教视为超越种族的信仰,可以通过它联结东亚民族共同抵抗西方,并解决他们共同的难题。泰戈尔精神意义上的泛亚洲主义遭到了拒绝,但是中国的佛教团体持续地努力建立他们自己的中国样式的佛教国际主义团体。然

---

① 参见斯蒂芬·海:《印度的先知在东亚——泰戈尔的泛亚洲精神复兴的福音及其在日本和中国的接受,1916至1929》(Stephen N. Hay, "India's Prophet in East Asia: Tagore's Message of Pan-Asian Spiritual Revival and Its Reception in Japan and China, 1916-1929"),哈佛博士论文,1957年。

而当他们坚称佛教的国际性特点时,他们遇到了两种形式的强大抵制。一种是普遍的仇外,这是在近百年的危机中外国压迫和中国受挫的产物。另一种是民族主义狂热高涨的潮流,尤其是1919年以后,这种狂热把越来越多的中国人集结在排他的、独一无二地属于自家的东西上。国际主义,无论是佛教、基督教还是任何其他种类,都与民族主义相冲突,而后者是几十年中所有的中国人共同认可的唯一的信仰主题。日本为了自身的帝国利益,资助佛教国际主义以图谋铲平征服之路,并把被征服者驯养得温顺和恭从。在有着爱国热忱和民族主义的中国人眼中,佛教变得极其可憎。他们不仅抵制利用佛教作为心理战的工具,而且还注意到了日本"现代化"的佛教僧侣对专制和侵略性的国家意志的卑顺。他们从这里吸取了教训:一个现代化的中国佛教僧侣完全可能成为本国的暴政和反动的工具,但是他们几乎不管这个教训是不是正当地得出。

现代西方的世俗信念侵入中国,将佛教放到了竞争舞台上,而佛教的历史为此准备得极差。对科学的信仰是由杜威和罗素所倡导的。太虚大师(1889—1946),佛教现代化最重要的代言人,或许会对科学的宣扬者如此回应:佛教很早以前就发现了原子和相对论,它的心理学远比西方更先进。但是他的反对者们会有效地反驳:"你用你的发现都做了什么？它们解放了人们的头脑，促成了更自由更丰富的生活，还是它们只是僧侣沉思静坐的智力玩物？"要回答这些很难，因为事实上佛教强调对实相的领悟和对佛菩萨的信仰，以此为方法从短暂而虚妄的世界里解脱。它对社会的影响只是作为一个信仰传播时的副产品，而不是具体或有计划地以佛教的理念努力建设一个新社会。

本世纪（译者注：指 20 世纪）兴起的唯物思想的潮流，见证了人们对唯心主义的兴趣在持续衰退，无论是中国人、西方人还是印度人。正是在这种智性背景下，马克思主义的世俗信仰稳步地扩大基地，直到遍及所有的中国人。

如果在即将来临的岁月里寻找佛教在中国的遗存，我们或许仍能在文学、语言、戏剧和艺术中有所发现。如果更贴近地观察中国人用从自身传统里拣选的元素混合西方舶来品铸造一个新的复合文化的步伐，我们会注意到佛教经验的长期影响。如具有代表性的是，中国共产主义理论家刘少奇在发言中说理想的共产党员"先天下之忧而忧，后天下之后乐而乐"。这是重申范仲淹对儒家学者的理想——

一个近千年前挪用自佛教的理想。① 看来只要有中国人说中国话,并以源于共同遗产的独特方式处理他们的问题,对佛教遗产的觉知就将有助于我们理解他们的思想和行为。

＊　＊　＊　＊　＊　＊

当我们以这些篇幅回顾两千多年的历史,我们似乎可以大体概括中国文明的某些特征,以及某些持久的和反复出现的模式。

首先,我们观察到中国人一个恒久的理想是将他们的文化观念视为一个完整的、首尾一致的实体。而就像所有的理想一样,史实常常与之相悖。然而我们发现,中国人一而再地回到单一的社会、经济和政体的理想,由完全与其自身一致、也与它所支持的制度一致的思想体系所支持并合理化。汉代的秩序接近这个理想,隋唐时期,佛教或多或少成功地融入了重获汉代理想的努力之中。当后来环境

---

① 刘少奇:《论共产党员的修养》,香港,1949年版,第30—32页。倪德卫在《共产主义伦理与中国的传统》(David S. Nivison, "Communist Ethics and Chinese Tradition")中论及,载《亚洲研究期刊》(*Journal of Asian Studies*, XVI, 1956),第60页。

已改变时,宋代综合体拒绝佛教中任何与中国文明的古代整体理想相冲突的独立及不同之处,而仅仅挪用这个信仰与该理想一致的部分。最近我们看到了一种新的重构,其彻底的程度堪称史无前例。再一次地,国家的权威支持并合理化一个体制秩序,该秩序据称与已核许的思想体系相一致。

其次,我们可以观察到,仅仅在分裂时期,在丧失整体性及相关理想时,中国人才会回应外来观念。佛教不可能在汉帝国中建立,正如天主教不可能在清朝鼎盛时期被接受。公元300年至589年和19、20世纪这两段分裂时期有很多相似之处。在第一个混乱和试验的分裂期里,佛教的外来观念是兴趣的焦点和献身的目标。第二段时期里,先是基督教,后是西方的世俗信仰吸引了那些寻求解决其文明危机的人。两个时期里,人们对旧传统的态度都是要打破陈规,并孜孜不倦地、往往是激情冲动地寻找新鲜事物。第一个时期之后的年代里,我们看到了加工、挪用外来的宗教。现如今对往后的一切发展我们只能猜测,然需记住,现在本土传统的侵蚀比以往任何时候都严重。我们已经看到的佛教在中国文明发展中的角色,这可以帮助我们理解如今正在进行的借入并吸收的过程,以及分析未来可能出现的文化综合体。

第三,我们应特别注意"吸收"这个概念作为解释中国对待外来文化元素的愚蠢性。正如数不清的外族入侵改变了中国人的身体特征,同样的,佛教带入的东西也不是简单的吸收,它被挪用,并成为新的文化综合体的一部分,而这个综合体与之前是完全不同的。认为中国如同吸纳百川的大海会曲解佛教在中国的历史,而且会误导援引它为线索以理解未来的中国文化的人们。

第四,佛教在中国的历史证明了中国人狂热献身于一种观念或生活方式的能力。西方在评价中国文化时受制于该文明的自我形象,即近代新儒家精英构造的神话。这个自我形象的因素之一是中国人一贯是民族中心主义的、理性的、人文的。耶稣会士卷入了这个神话并将之传播到西方,一直延续到今天。我们注意到黄巾军的特质是狂热的献身,而且我们也已提及了宗教热情的巨浪、舍身及出家等标志着佛教在中国达到高潮的激烈行为。如果您希望看到这种容受力在当前的持续,我推荐您阅读格林神父的《中国的受难》中题为"红色尼师"的一章。①

第五,在这些篇章中,我们经常提到中国一直坚持的对

---

① 罗伯特·格林:《中国的受难》(Robert W. Green, M. M., *Calvary in China*, New York, 1953),第61—73页。

行为和信仰问题的权威程度。有时国家不能维持这种权威,但是它从来没有放弃过这个权力。在佛教漫长的历史中,我们看到国家权力经常调整和限制思想及行为。我们也观察到,对于不能根除的宗教信仰,政府如何有选择性地将其功利性地用于社会控制。大部分佛教僧团维持其教义完整性的失败都可追溯到毫不留情的政权压力和国家政策。

我想强调的是我不相信历史会自我重复,故而可以未卜先知。在我看来,一个民族共有的伟大的历史成长经验,如果能够得到正确的理解,可以解释那个文明在当代的形成,并且显示它会如何回应眼前以及将来面临的挑战。中国人民的成长经验之一是他们应对来自印度宗教和文化的长期努力。在一定程度上,如果忽略或误解这个经验的历史,也许会使我们步入理解这个伟大民族的生活、文化和特性的歧途。

延伸阅读选录

这个选录仅限于较易找到的以西方语言写就的著作和文章。现代中国和日本学者的著作,虽然已足以革新我们这个时代的中国佛教研究,但是翻译过来的很少,不能代表那些语言的创造性学识的财富。特别有兴趣跟进或综览现代佛教研究范围的读者应当参考年刊性的《佛学书目》(*Bibliographie Bouddhique*,32 册,巴黎,1930—1967),它包含了各种语言的重要著作的全面述评,以及对卓越学者的著作极有价值的回顾性叙述。至于合适的参考资料,可以查阅查尔斯·亚当斯(Charles Adams)所编的《伟大宗教导读》(*A Reader's Guide to the Great Religions*,Chicago,1965)中的佛教部分。

概论研究

尽管优秀专著数量在稳步增加,但是读者还是不易找到像查尔斯·埃利奥特爵士(Sir Charles Eliot)所著的《印度教与佛教》(*Hinduism and Buddhism*, 3 Vol., London, 1921)那样对之前所有的佛教研究成果进行综述的著作。此书中的许多内容早已过时了。对宗教教义和修行的演变最好的历史叙述可能还是托马斯(E. J. Thomas)所写的《佛教思想史》(*The History of Buddhist Thought*, London, 1933, 2nd ed., 1951)。到目前为止，中国佛教最重要的概论性作品是陈观胜(Kenneth Ch'en)的《中国佛教史》(*Buddhism in China, A Historical Survey*, Princeton, 1964)。有关南亚和东亚佛教的最新且易读的一本论文集是肯尼思·摩根(Kenneth W. Morgan)编的《佛陀之道》(*The Path of the Buddha*, New York, 1956)。虽然一些章节充满着虔诚而不是批判性的学术，塚本善隆有关中韩佛教历史的文集仍代表着这个领域最杰出的日本学者的诠释。有关义理发展的考查是爱德华·孔兹(Edward Conze)令人钦佩的著作《佛教要义及发展》(*Buddhism, Its Essence and Development*, London and New York, 1951)。

关于中国和日本对大乘哲学观念的诠释，有耐心的读者可以在高楠顺次郎最近的《佛教哲学要义》(*The Essential of Buddhist Philosophy*, Honolulu, 1947)中发现有益的洞见。与高楠将佛教思想视为神圣真理的展开不同，戴密微(Paul Demiéville)教授以一个历史学家的观点和方式分析其中的一些概念。他的论文《佛教在中国哲学传统中的渗透》("La Pénétration du Bouddhisme dans la traditon philosophique chinoise", *Journal of World History*, III, 1956)是这个研究领域里大师级的杰作。冯友兰的《中国哲学史》第二册(*History of Chinese Philosophy*, Princeton, 1953),详细论述了中国的佛教哲学家,但是作者的儒家偏见有些突出。

文化史领域师觉月(Prabodh Chandra Bagchi)的《印度与中国千年的文化交流》(*India and China: A Thousand Years of Cultural Relations*, Bombay, 2d ed., 1950)有趣又易读。作者将印度的视点带入这个研究,同时也具有中国佛教史及其渊源的广博知识。中印文化关系给中国文化造成的负面影响这种相反的图景可见于胡适博士的文章《中国的印度化》("The Indianization of China"),收于哈佛大学三百年校庆特刊《制度、思想及艺术的独立、和会与借鉴》(*Independence, Convergence and Borrowing in Institutions, Thought and Art*, Cambridge, Mass., 1937)。如果读者想探讨中国佛教史与作为整体的中国宗教史的关系,已故的马伯乐(Henri Maspero)的作品是最好不过的,如他的文章《中国历史发展中的宗教》("La Religion chinoise dans son developpement historique"),收于他的《中国的宗教和历史遗著杂集》(*Mélanges posthumes sur les religions et l'histoire de la* Chine,

Vol. I, Paris, 1950)。

有关中国佛教经典及其翻译与诠释的复杂历史,可参考师觉月的研究《中国佛教典籍》(*Le Canon Bouddhique en Chine*, 2 vols., Paris, 1926, 1938)。

历史研究与传记

有关汉代秩序的崩溃及其后果,白乐日(Etienne Ballazs)的两篇论文(译自法语)最为重要:《汉末政治哲学与社会危机》("Political Philosophy and Social Crisis at the end of the Han Dynasty")和《介于虚无主义的反抗与神秘主义的入侵之间——公元3世纪的中国思想潮流》("Nihilistic Revolt or Mystical Escapism: Currents of Thought in China During the Third Century A. D."),收于他的论文集《中国的文明和官制——一个主题的变奏》(*Chinese Civilization and Bureaucracy: Variations on a Theme*, New Haven, 1964)。马伯乐关于佛教传入中国的学术研究的叙述很受欢迎,对人颇有启发,题为《佛教如何传入中国》("Comment le Bouddhisme s'est introduit en Chine"),收于他的《遗著杂集》第一册。

仅有零星的作品研究分裂时期佛教的发展。陈观胜有关北朝反佛措施的论文见于《哈佛亚洲研究期刊》第17期

(*Harvard Journal of Asiatic Studies*, XVII, 1954), 另一篇研究南朝反佛的论文发表在同一期刊的第 15 期(1952)。我有关传教先驱佛图澄的研究也发表在这个期刊的第 11 期(1948)。林阿释(Arthur Link)所作的佛图澄主要弟子的评注性传记载于《通报》(*T'oung Pao*, XLVI, 1958)。最近罗伯特·施(Robert Shih)开始出版他翻译的 6 世纪中期慧皎所作的《高僧传》。已经发表的第一部分是早期译师的生平，题为《高僧传》(*Biographies des Moines éminents*, Louvain, 1968)。有关分裂时期南方最重要的僧人竺道生最详尽的研究应是李华德(Walter Liebenthal)的系列论文，载于《日本文化志丛》(*Monumenta Nipponica*, XI—XII, Tokyo, 1955—1957)。这个时期的官方佛教史最好的译本是由李昂·胡维兹(Leon Hurvitz)翻译的，原作者为塚本善隆，该书在水野清一(Seiichi Mizuno)和长广敏雄(Toshio Nagahiro)合编的云冈石窟巨编系列第 16 册中作为附录发表。理雅各(James Legge)翻译的记载了法显 399 至 414 年间去印度求法的《法显行记》(*The Travels of Fa-Hien*, Oxford, 1886)仍然开卷有益。

中国隋唐佛教史的研究很少。禅宗还是要参考胡适的《中国禅佛教的发展》("The Development of Zen Buddhism in China")，收于《中国社会与政治科学评论》(*The Chinese So-*

cial and Political Science Review，XV，Peking，1932），重印于《中印研究》(Sino-Indian Studies, III, Santiniketan, 1949)。杜默林(Henrich Dumoulin, S. J.)和佐佐木(Ruth Fuller Sasaki)的《中国禅宗的发展》(The Development of Chinese Zen, New York, 1953)对普通读者来说或许过于专业了。李昂·胡维兹(Leon Hurvitz)出版了对天台宗创始人智𫖮的重要研究，题为《智𫖮评传》(Chih-I [538—597], An Introduction to the Life and Ideas of a Chinese Buddhist Monk)，收在《中国与佛教论集》(Mélanges chinois et bouddhiques, XII, Bruges, 1963)。周一良的《中国密宗》("Tantrism in China", Harvard Journal of Asiatic Studies, VIII, 1945)，研究这个晚期大乘宗派在唐代的传入史。

我在有关傅奕的研究中探讨了这个时期佛教和政权的关系。傅奕是著名的反佛人士，他的一生跨越了分裂的末期、隋朝和初唐。论文题为《傅奕与反佛》("Fu I and the Rejection of Buddhism")，载于《思想史期刊》(Journal of the History of Ideas, XII, 1951)。隋朝的意识形态对于佛教的运用，参见我的论文《隋意识形态的形成》("The Formation of Sui Ideology")，载于费正清(John K. Fairbank)编《中国的思想与制度》(Chinese Thought and Institutions, Chicago, 1957)。斯坦利·维斯坦(Stanley Weinstein)题为《唐朝佛教形成中的皇家资助》("Imperial Patronage in the Formation of T'ang Buddhism")的重要论文将发表于我和崔瑞德(D. C. Twitchett)合编的《唐代研究面面观》(*Perspectives on the T'ang*, New Haven,1973)。同书中也包括我的研究《太宗与佛教》("T'ai-tsung and Buddhism")。有关唐代生活和文化中的佛教最生动与可读的记述是赖肖尔(Edwin Reischauer)的杰作《圆仁入唐行记》(*Ennin's Travels in T'ang China*, New York, 1955)。其姊妹篇《圆仁日记》(*Ennin's Diary*, New York, 1955)是译作,译自圆仁这位勤勉的日本人对唐代生活观察的逐日的记录。圆仁描述的842至845年间对佛教严厉的镇压尤其珍贵。在《5到10世纪中国社会中佛教的经济问题》(*Les Aspects économiques du Bouddhisme dans la société chinoise du Ve au Xe siècle*, Saigon, 1956)中,谢和耐(Jacques Gernet)出色地评论了佛教在中国人的经济生活中的角色。杨联陞(L. S. Yang)发表于《哈佛亚洲研究期刊》(*Harvard Jounal of Asiatic Studies*, XIII,1950)的论文《中国历史中的佛教寺院及四种募款机构》("Buddhist Monasteries and Four Money-Raising Insitutions in Chinese History")也很重要。

唐代著名的佛教求法僧留下的记录对于研究印度历史和佛教史极为重要。虽然其中的一部分已经有了翻译,但是读者须警惕,大部分的翻译如今都已过时了。其中有托马斯·韦特(Thomas Watter)的《玄奘印度行记——公元629年至645年》(*On Yuan Chwang's [Hsüan-tsang's] Travels in India, 629—645 A. D.*, London, 1904),以及高楠顺次郎的《义净南海记归内法传》(*I Ching, A Record of the Buddhist Religion as Practised in India and the Malay Archipelago*(A. D. 671—695), Oxford, 1896)。在《真三藏》(*The Real Tripitaka*, London, 1952)中,魏礼(Arthur Waley)写了易读且精确的玄奘传。李荣熙(Li Yung-his)节译了玄奘的标准的权威传记,1959年于北京发表,题为《玄奘传》(*The Life of Hsüan-tsang*)。尽管有求法者和翻译家们的虔诚著作,但是唐代时中国和印度的佛教在教义上却有着巨大的差异。8世纪时发生了由藏人主持的中国和印度学僧一系列的辩经,戴密微在《吐蕃僧诤记》(*Le Concile de Lhasa*, Paris, 1952)中分析了这场辩论的记录。

关于佛教的衰落和挪用期,西方语言的研究非常稀少。其中之一是盖伦·萨金特(Galen Eugene Sargent)对新儒学伟大的奠基者朱熹反佛态度的分析:《朱熹与佛教》(*Tchou Hi contre le Bouddhisme*, Paris, 1955)。在巴黎编辑的庞大的宋代历史和社会百科全书中包括了宋代(960—1279)高僧的传记。费迪南·莱辛(Ferdinand Lessing)研究汉地的主要喇嘛教寺院所反映出的喇嘛教:《雍和宫——北京喇嘛教寺院图志》(*Yung Ho Kung, an Iconography of the Lamaist Cathedral in Peking*, Vol. I, Stockholm, 1942)，对非汉族王朝所格外扶持的晚期大乘佛教提供了宝贵的洞见。

有关中国佛教近来的历史，一个基于切近的田野考察的研究是 J. 普利普-摩勒(J. Prip-Møller)的《中国佛教寺院》(*Chinese Buddhist Monasteries*, Copenhagen, 1937)。到目前为止，最重要的是霍姆斯·维慈(Holmes Welch)的三本著作：《1900年至1950年中国佛教的修行》(*The Practice of Chinese Buddhism, 1900—1950*, Cambridge, Mass., 1967)引人入胜地详述了僧团的宗教修行、组织和管理；《佛教在中国的复兴》(*The Buddhist Revival in China*, Cambridge, Mass., 1968)涉及僧人和居士为了发展"现代化"的佛教的全部努力，包括出版计划、学习团体、现代社会服务机构等等；《毛泽东下的佛教》(*Buddhism Under Mao*)将由同一家出版社于1972年出版。其中详细描述了从1949年以来的寺院、僧团和佛教居士。布洛菲尔德(John Blofeld)的《生命之轮》(*The Wheel of Life*, London, 1959)是一位在中国佛教寺院里生活时间最久的西方皈依者透露内情的回忆录。

中国佛教典籍的翻译

中国佛教著作的选集很少。也许最有用的是《历代佛教典籍》(*Buddhist Texts Through the Ages*, New York, 1954),尽管由魏礼(Arthur Waley)翻译的中文和日文的典籍仅是最后的三十页。狄百瑞(Wm. Theodore de Bary)主编的《中国传统资料汇编》(*Sources of the Chinese Tradition*, New York, 1960)从 306 页至 408 页是基本的中国佛教典籍的翻译,这个汇编将它们置放于中国理性和宗教发展的脉络中。狄百瑞还编辑了一册很实用的节译,题为《印度、中国和日本的佛教传统》(*The Buddhist Tradition in India, China and Japan*, New York, 1969)。

中国现存最早的佛教护教论《牟子理惑论》由伯希和(Paul Pelliot)出色地译为《牟子,或解除的疑惑》("Meou-tseu, ou les doutes levés"),载于《通报》(*T'oung-pao*, XIX, 1920)。分裂时期最重要的中国佛教典籍之一是僧肇的《肇论》,僧肇是伟大的翻译家鸠摩罗什的杰出弟子。李华德(Walter Liebenthal)出版了《肇论》的英译 *The Book of Chao* (Peking, 1948)。《法华经》,大乘佛教影响最大的经典之一,有苏熙洵(William E. Soothill)译自汉文本的不太完善的节译:《妙法莲花经》(*The Lotus of the Wonderful Law*, Oxford, 1930)。《维摩诘经》在分裂期及之后的佛教中都如此显要,拉莫特(Etienne Lamotte)专业地翻译为《无垢称所说经》(*L'Enseignement de Vimalakīrti*, Louvain, 1962)。戴密微所作的关于维摩诘在中国的附录十分有益。玄奘带回并翻译的哲学经典之一是护法(Dharmapala)的《成唯识论》(*Vijñaptimātratā-siddhi*)。全本翻译是蒲桑(Louis de la Vallée Poussin)发表的 *La Siddhi de Hiuen-tsang*(2 vol., Paris, 1928—1929, index volume, 1948)。玄奘翻译的另一部经典《俱舍论》,成为中日佛教一个哲学性宗派的基础,由蒲桑重构并翻译为《世亲的阿毗达磨俱舍论》(*L'Abhidharmakośa de Vasubandhu*, 6vols., Paris, 1923—1931)。玄奘所译的《唯识二十论》相对简要地叙述了世亲的哲学,克拉仁斯·汉密尔顿(Clarence Hamilton)翻译了玄奘的译本《唯识二十论》(*Wei Shih Er Shih Lun*, New Haven, 1938)。感谢拉莫特专业地重构并翻译了两部对中国佛教哲学有重要影响的大乘经典:《龙树的大智度论》(*Le Traité de la grande vertu de sagesse de Nāgārjuna*, 2 vol., Louvain, 1944—1949),以及《无著的摄大乘论》(*La Somme du Grand Véhicule d'Asanga (Mahāyāna-saṃgraha)*, 3vol., Louvain, 1944—1970)。铃木大拙博士翻译的《入楞伽经》(*The Lankavatara Sutra*, London,1932)以及研究著作《〈楞伽经〉研究》(Studies in the Lankavatara Sutra, London,1930),向西方读者解释了这部禅宗追随者长期尊奉并研习的经典。归于南禅的建立者慧能名下的经典《坛经》影响极大,由菲利普·扬波尔斯基(Philip Yampolsky)谨慎地分析并翻译为《六祖坛经》(The Platform Sutra of the Sixth Patriarch, New York,1967)。

《大乘起信论》在各派佛教徒中都有广泛而持续的权威,其作者归于马鸣。开拓性的译本是铃木大拙的《马鸣的大乘起信论》(Açvaghosha's Discourse on the Awakening of Faith in the Mahayana,Chicago,1900),继之是羽田义人(Y. Hakeda)的《起信论》(The Awakening of Faith, New York, 1967)。麦克斯·缪勒(Max Müller)和高楠顺次郎翻译的净土宗主要的经典收录于《东方圣书》(Sacred Books of the East, Vol. XLIX,Oxford,1894)。

当从经典部分转向佛教文学时,能有把握地推荐的作品极少。沙畹(Edouard Chavannes)取材自印度本生故事(用于证明佛教原则的运行)的杰出的翻译《五百本生故事集》(Cinq cents contes et apologues, 3vol.,Paris,1910—1911)可以带来阅读的愉悦并开卷有益。理查德·罗宾逊(Richard Robinson)最近的选集《中国佛教诗偈》(Chinese Buddhist Verse, London,1954),选自中国佛教典籍中随处可见的大量的此类作品,可以让读者一瞥各种颂赞和哲学的、道德的诗歌。

中国佛教艺术

并没有一本权威的著作研究了这整个庞大而复杂的领域。读者可以放心地把索伯(Alexander Soper)和劳伦斯·西克曼(Lawrence Sickman)最近的著作《中国的艺术和建筑》(*The Art and Architecture of China*, Baltimore,1956)当作指南,来了解中国艺术总体发展中佛教的地位。戴维森(J. Le Roy Davidson)以极富启迪的方式追踪了一部影响很大的佛经的观念和主题在佛教艺术中的表现:《中国艺术中的法华经》(*The Lotus Sutra in Chinese Art*, New Haven,1954)。喜仁龙(Osvald Sirén)插图丰富的著作,尤其是他的《5至14世纪的中国雕塑》(*Chinese Sculpture from the Fifth to the Fourteenth Century*, 4 vol., London,1925),可以提供很好的对中国佛教艺术发展的概览。同样可参看他的《中国艺术及印度影响研究》(*Studies in Chinese Art and Some Indian Influences*, London, 1938)。遗憾的是,常盘大定(Tokiwa Daijō)和关野贞(Sekino Tadashi)的巨著《支那佛教史迹》(*Shina Bukkyō shiseki*, 5函图版,5册正文,东京,1925—

1931)很少见,其五卷的英文译本(东京,1926—1938)也很难寻见。

本世纪(指 20 世纪——译者注)初发现并影响了汉学各个研究领域的敦煌石窟,藏有从 5 世纪到 10 世纪中国佛教的丰富文献。伯希和对这些石窟的研究是不可或缺的,见《敦煌藏经洞中魏、唐、宋代的佛教绘画与雕刻》(*Les Grottes de Touen-houang, peintures et sculptures bouddhiques des époques des Wei, des T'ang et des Song*, 6 vol., Paris, 1914—1924)。艾琳·文森特(Irene Vincent)的《神圣的绿洲》(*Sacred Oasis*, Chicago, 1953)作了简要的通俗描述,并附有最近的照片。北京政府如今正在出版各种敦煌壁画的复制品,但是到目前为止,出版的仅限于艺术家的临摹品。

对一处重要佛教遗迹最完整的叙述是水野清一和长广敏雄的《中国北方 5 世纪的云冈石窟》(*Yün-Kang, The Buddhist Cave-Temples of the Fifth Century A. D. in North China*, 16 vol., Kyoto, 1951—1956,其他卷册待刊)。图像无与伦比的清晰,虽然正文都是日语,但是英文的标题和摘要很有帮助。

为了了解当前西方学者对中国佛教艺术的研究,读者可以关注下列期刊的发行:《亚洲艺术》(*Artibus Asiae*),《艺术纪要》(*The Art Bulletin*),《东方艺术》(*Ars Orientalis*),以及《美国中国艺术协会档案》(*Archives of the Chinese Art Society of America*)。

索　引

（此页码为原书页码,即本书的边码）

A

Adams, Charles（查尔斯·亚当斯）,129

Ākāśagarbha boddhisattva（虚空藏菩萨）,xiii;图 5

Amitābha（阿弥陀佛）,xii,49,59,82,99,60 页脚注

An Lu-shan（T'ang rebel leader）（安禄山,唐代叛军首领）,83,87

Apollonian culture of the Chinese elite（中国精英的阿波罗文化）,97,106

Arhat（阿罗汉）,见罗汉

Aśvaghoṣa（Mahayana philosopher）（马鸣,大乘思想家）,137

Avalambana（Feast of All Souls,盂兰盆会）见 Yü-lan-p'en-hui

Avalokiteśvara（Kuan-yin,观音）,xii,xiii,xiv,图 3,4,7;82

B

Bachhofer, Ludwig（路德维希·巴霍弗尔）,xiii

Bagchi, Prabodh Chandra（师觉月）,130,131

Balazs, Etienne（白乐日）,22 页脚注,23,26,27 页脚注,29,131

Benedict, Ruth（鲁思·本尼迪克特）,97

Bernard-Maître, Henri（亨利·伯纳尔-梅特里）,40 页脚注

Bielenstein, Hans（毕汉思）,9 页脚注

Blofeld, John（约翰·布洛菲尔德）,135

Bodde, Derk（伯德）,103 脚注,130

Bodhi（enlightenment,觉悟）,36

Bodhisattva（菩萨）,xii;图 3,4,5,7;

37,48,51,53,59,75,81,93,98；Bodhisattva, Emperor（菩萨皇帝）51；Bodhisattva, Savior（救世菩萨）51；Bodhisattva Son of Heaven（菩萨天子）,51

Book of Changes（I-ching,《易经》）,14,16,30

Book of History（Shu-ching,《书经》）,39

Book of Poetry（Shi-ching,《诗经》）,14,17,39

Book of Rites（Li-chi,《礼记》）,14

Buddho-Taoist popular religion（佛道民间宗教）,111,112；Buddho-Taoist village clergy（乡村的佛道士）,115

C

Caesaro-papism（政教合一）,62

Cakravartin-rāja（转轮王）,50,62,67

Cammann, Schuyler（坎曼）,105 脚注

Central Asia（中亚）,32,49,62,83；art（艺术）xii, xiii,71；languages（语言）35；loan words（外来词汇）,109

Central Kingdom, ideas of（中国, 中国的观念）,45,55

Ch'an（Zen）（禅宗）, xiii；插图6；48,77,78,80,91,136

Chang Heng（Han poet）（张衡, 汉代诗人）,21

Ch'ang-an（capital city）（长安, 都城）,21,32,41,62,70

Chavannes, Edouard（沙畹）,137

Ch'en, Kenneth（陈观胜）,130,131

Chen-jen（Taoist immortals）（真人, 道家神仙）,36

Ch'en Tu-hsiu（Communist leader）（陈独秀, 共产党领导人）,116

Ch'i（matter）（事）,91

Chien（gradualism）（渐）,47,92

Chih-i（founder of T'ien-t'ai sect）（智顗, 天台宗创始人）,79

Chih-tun（early Buddhist intellectual monk）（支遁, 早期的佛教学僧）,46,47

Chin dynasty（晋朝）,27,44,56

Ch'in dynasty（秦朝）,7,8,12页脚注,55

Chinese Buddhist Association（中国佛教协会）,115

Ch'ing-i（character estimates）（清

议，人品评议），23

Ch'ing-t'an（cult of repartee）（清谈，交谈风尚），30，45，46，47

Chou Yi-liang（周一良），132

Christianity（基督教）33，106，112，118，124，126；missionaries of（传教士），35

Chu Hsi（philosopher）（朱熹，思想家），90，91，92，95，134

Chu Tao-sheng（Buddhist monk-philosopher of the period of disunion）（竺道生，分裂期的佛教僧侣思想家），47，48页脚注，132

Chuang-tzu, *Chuang-tzu*（early Taoist philosopher and his book）（庄子，《庄子》，早期道家思想家及其书），24，30，46，47

Classic of Filial Submission（《孝经》），17

Communism, in relation to Buddhism（共产主义，与佛教相关的），114，116，122，125，126

Confucian classics（儒家经典），46，53，66，86，87

Confucianism（儒家）: as Han orthodoxy（作为汉代的权威），10—17; early compromises of Buddhism with（早期佛教与它的妥协），36，39; critiques of（受到的批判），24—25；28—29；its partial eclipse after the fall of Han（汉衰落后它的部分没落），44，45—49，54，55，57—58，60—61; its selective revival by the Sui and T'ang（隋唐对它选择性的恢复），66，85，86—87; its resurgence in late T'ang and Sung（它在晚唐及宋代的复兴），87—96

Conze, Edward（爱德华·孔兹），130

D

Davidson, J. Le Roy（戴维森），137

De Bary, William Theodore（狄百瑞），12页脚注，14页脚注，16页脚注，89，90页脚注，135

De Francis, John（约翰·弗朗西斯），19页脚注，20页脚注，94页脚注

De la Vallée Poussin, Louis（蒲桑），136

Demiéville, Paul（戴密微），viii，10页脚注，35，37页脚注，46，47，48，91，111，112页脚注，130，

134,136

Dharma(法), the Buddhist teaching(佛法),36;extinction of (mo-fa)(末法),115

Dharmarakśa(missionary-translator)(法护,译经师),35

Dionysiac culture of the Chinese masses(中国百姓的酒神文化),97,107

Dubs, Homer H.(德效骞),5 页脚注

Dumoulin, Heinrich(杜默林),132

E

Eliot, Sir Charles(查尔斯·埃利奥特爵士),98,129

Ennin (ninth-century Japanese pilgrim to China)(圆仁,9 世纪日本入唐求法僧),73,75,133

F

Fairbank, J. K.(费正清)67 页脚注,93 页脚注,105 页脚注,133

Fan Chung-yen(范仲淹),93,123

Five elements(wu-hsing)(五行),37

Five normative virtues (wu-ch'ang)(五常),37

Fo-t'u-teng (pioneer missionary monk)(佛图澄,僧人、传法的先驱者),xii,56,65,131

Four elements (mahābhūtas)(四大),37

Fung Yu-lan(冯友兰),130

G

Gernet, Jacques(谢和耐),54 页脚注,58,69 页脚注,73,75,78,84,133

Gradualism(chien)(渐),47,92

Granet, Marcel(葛兰言),12,17

Green, Robert W.(罗伯特·格林),126

Grootaers, William A.(贺登崧),101 页脚注

H

Hackin, J.(哈甘),99 页脚注

Hakeda, Y.(羽田义人),137

Hamilton, Clarence(克拉仁斯·汉密尔顿),136

Han dynasty(汉朝): its thought and society(其思想及社会),3—20;decline of(其衰落),21—28

Han Yü(T'ang anti-Buddhist polemicist)(韩愈,唐代反佛论者)88

Henning, W. B.(亨宁),43页脚注

Hightower, J. R.(海陶玮),17页脚注

Hinayana(form of Buddhism)(小乘佛教),41,48

Holzman, Donald(侯思孟),30页脚注

Hōryūji monastery(法隆寺),71

Hsiao-ching, see *Classic of Filial Submission*(《孝经》,见 *Classic of Filial Submission*)

Hsiao-hsün(as "translation" of Sanskrit śīla)(孝顺,作为梵语 Śīla 的"翻译"),36,37页脚注

Hsiao-yao(逍遥),47

Hsien(Taoist immortals)(仙,道教神仙),98

Hsu, Francis L. K.(许烺光),102页脚注

Hsü I-t'ang(许义堂),94页脚注

Hsüan-tsang(T'ang pilgrim-translator)(玄奘,唐代入印求法僧、译经师),76,93页脚注,134,136

Hu Shih(胡适),113,131,132

Huang-lao fou-t'u(early Chinese name for Buddha)(黄老浮屠),32

Huang-ti p'u sa(Emperor Bodhisattva)(皇帝菩萨),51

Hui-jui(early monk)(慧睿,早期僧人),38页脚注

Hui-neng(慧能),137

Hui-tsung(last emperor of Northern Sung)(徽宗,北宋末的皇帝),99

Hui-yüan(leading fourth-century monk)(慧远,4世纪的杰出僧人),46,49,50,61

Hu-kuo fo(The Buddha who Protects the State)(护国佛),100

Hurvitz, Leon(李昂·胡维兹),49页脚注,50页脚注,132

I

I-hui(local Buddhist organizations)(邑会,地方佛教组织),73

I-ching, see *Book of Changes*(《易经》,见 *Book of Changes*)

India(印度):language, thought, and culture contrasted with China's(语言、思想和文化与中国的不同),33—34; words of Indian origin translated into Chinese(源于印度译为汉语的语言),36—38;

devolution of Indian abstractions in China(印度抽象概念在中国的转化),77; Indian artistic influences in China(印度对中国艺术的影响),xii,xiii,xiv,41,70,71;effects on China as seen by Hu Shih(胡适所认为的对中国的影响),113; as center of pan-Asian spirituality(作为泛亚洲精神的中心),119

J

Japan(日本):Chinese Buddhist architecture in(在日本的中国佛教建筑),71;and Buddhism in modern China(与近代中国佛教),114,117,119,120

Jesuits, missionary strategy of(耶稣会士,其传教策略),40; as purveyors of the literati self-image(作为士大夫自我认同的传播者),125

Johnston, Reginald F.(庄士敦),134(译者注:原书中并无提及此人)

K

K'ang Yu-wei(modern reformer)(康有为,近代改革家),111

Karma(业),48,50,53,75,81,101,102,104,105,110

Ko-i(matching concepts)(格义,概念匹配),37,38

Kuan-ti(popular divinity)(关帝,民间神祇),100

Kuan-yin, see Avalokiteśvara(观音,见 Avalokiteśvara)

Kucha(龟兹),56

Kumārajīva(missionary translator)(鸠摩罗什,译经师),62,63,136

K'ung Ying-ta(T'ang Confucian scholar)(孔颖达,唐代儒学家),86

L

Lamaism(喇嘛教),100,119,134

Lamotte, Etienne(拉莫特),136

Legalism(法家),25

Legge, James(理雅各),132

Lessing, Ferdinand(费南迪·雷森),134

Levenson, J. R.(列文森),112 页脚注

Levy, Howard S.(李豪伟),26 页脚注

Li(principle)(理),47,48,91

Li(proprieties, norms)(礼),13,101

Li Yung-his(李荣熙),134

Liang Ch'i-ch'ao(modern reformer)(梁启超,近代改革家),112

Liebenthal, Walter(李华德),48页脚注,132,136

Link Arthur(林阿释),132

Liu Hsia-hui(ancient paragon)(柳下惠,古代的典范),21(译者注：引文中为"展季",原书的英译是Liu Hsia-hui)

Liu, Hui-chen Wang(刘王惠箴),104页脚注

Liu I-ching(fifth-century writer)(刘义庆,5世纪的作家),30页脚注

Liu, James(刘子健),93

Liu Shao-ch'i(Chinese Communist leader)(刘少奇,中国共产党领袖),122

Logicians, school of(名家),25

Lohan(罗汉),xiii;图6;36,98,99

Lotus sutra(《法华经》),79,82

Loyang(capital city)(洛阳,都城),19,32,34页脚注,41,42,56

Lung-men(cave temples)(龙门石窟),59,60页脚注

M

Mahābhūtas(four elements)(四大),37

Mahādānapati(great lay patron of Buddhism)(佛教的大施主),51,62,67

Mahayana, form of Buddhism(大乘佛教),3,34,35,41,47,48,63,68,69,81,91,93,106,112,130,133,134,136

Maitreya(Mi-lo)(弥勒),xii,xiv;图2,图8;69,82,99,104

Mañjuśri(Wen-chu-shih-li)(文殊师利),82

Maspero, Henri(马伯乐),10页脚注,21页脚注,33,34页脚注,99页脚注,131

Ming-t'ang, cosmic house(明堂),16

Miyakawa, Hisayuki(宫川尚志),54页脚注

Mizuno, Seiichi(水野清一),59页脚注,132,138

Mo-fa, see Dharma(末法,见Dharma)

Morgan, Kenneth W.（肯尼思·摩根），130

Mori, Mikisaburō（森三树三郎），51页脚注

Muller, Max（马克思·缪勒），137

N

Nagahiro, Toshio（长广敏雄），59页脚注，132，138

Nāgārjuna（Mahayana philosopher）（龙树，大乘哲学家），63

Nāgasena-sūtra（《那先比丘经》），37页脚注

Nakamura, Hajime（中村元），37页脚注，77页脚注

Nanking（southern capital）（南京，南方的都城），43，44，47，55，65

Naturalness（tzu-jan）（自然），29

Neo-Taoism, post-Han intellectual movement（新道家，东汉的士人运动），30，32，36，42，44，45，46，47，52，58，62

Nirvana（涅槃），36，48

Nivison, David S.（倪德卫），123页脚注

Northern Wei（北魏），xii；图2；61，68

O

O-mi-t'o-fo, see Amitābha（阿弥陀佛，见 Amitābha）

Ou-yang Hsiu（Sung Confucian）（欧阳修，宋代儒家），88，89

P

Pai-lien chiao（白莲教），104

Pai-yün hui（白云会），104

Pelliot, Paul（伯希和），39页脚注，135，138

Pen-lun（work by Ou-yang Hsiu）（欧阳修的《本论》），88，89页脚注

P'ing-yen ta-ssu（concept of the state as ecumenical church）（平延大寺，视国家为一大寺），62

Po Chü-i（T'ang poet）（唐代诗人白居易），71

Prajñā-pāramitā sutras（《般若经》），35页脚注，41，46

Prip-Møeller, J.（普利普·摩勒），134

Pulleyblank, Edwin（蒲立本），88页脚注

Pure Land sect（净土宗），41，49，137

P'u-sa t'ien-tzu (Bodhisattva Son of Heaven)(菩萨天子),51

R

Redfield, Robert(雷德菲尔德),vii,6

Reischauer, Edwin O.(赖肖尔),73页脚注,133

Robinson, Richard(理查德·罗宾逊),137

Rosthorn, A. von(讷色恩),109页脚注

Rowland, Benjamin(本雅明·罗兰),xii

S

San-chieh chiao, Buddhist sect(三阶教),69

Sangha(the Buddhist order)(佛教僧团),84

Sanskrit(梵语),33,36,76,108

Śāntideva (Mahayana philosopher-poet)(寂天,大乘思想家诗人),93,93页脚注

Sargent, Galen E.(盖伦·萨金特),90页脚注,134

Sasaki, Ruth Fuller(佐佐木),132

Schwartz, Benjamin I.(史华慈),116页脚注

Sekino Tadashi(关野贞),138

Seng-chao(fifth-century monk philosopher)(僧肇,5世纪僧人思想家),135

Shih, Robert(罗伯特·施),132

Shih Lo (North China warlord, fourth-century A.D.)(石勒,公元4世纪中国北方的统治者),43页脚注,56

Shryock, John K.(萧洛克),101页脚注

Sickman, Laurence(劳伦斯·西克曼),xiii,137

Śīla(hsiao-hsün)(戒,孝顺),36,37页脚注

Sirén, Osvald(喜仁龙),137

Six disciplines, of Confucianism(儒家的六艺),14

Sogdian(粟特), letters(信件),43页脚注;merchant(商人),42

Soothill, William E.(苏熙洵),136

Soper, Alexander C.(亚历山大·索伯),9,98,137

Spring and Autumn Annals (Ch'un-ch'iu)(《春秋》),14

Stein, Rolf(石泰安),97页脚注

Subitism(tun)(顿),47,92

Sui dynasty(隋朝): reunification of China by(重新统一中国),65; use of Confucianism, Buddhism, and Taoism(对儒释道的利用), 66—69; Confucian revival in(儒家在隋的复兴),86—87

Sun, E-tu Zen(孙任以都),19页脚注,20页脚注,94页脚注

Sung dyansty(宋代): Confucian revival in(儒家的复兴),88—92; Buddhist influence in Sung society (佛教在宋代社会的影响), 92—95

Śūnyatā(空性),63

Suzuki, Daisetz, T.(铃木大拙), 136,137

T

Tagore, Rabindranath (visit to China)(泰戈尔访问中国),119

T'ai-hsü (twentieth-century Buddhist leader)(太虚,20世纪佛教领袖),120

Takakusu, Junjiro(高楠顺次郎), 130,134,137

T'ang dynasty(唐代): policies toward Buddhism(对佛教的政策), 67—70, 74—75; suppression of Buddhism(对佛教的镇压),83—84; culture, Buddhist elements in (文化中的佛教元素),70—72; society, Buddhist influence on(佛教对社会的影响),74—76; sects and schools of Buddhism(佛教的宗派),76—80

T'ang Chang-ju(唐长孺),45页脚注

T'ang Yung-t'ung(汤用彤),34页脚注,38页脚注

Tao(道): philosophic concept(哲学概念), 79; as equivalent of tzu-jan, "naturalness"(作为自然的同义词),28; as equivalent of the Buddhist dharma, bodhi or yoga (作为佛教的法、觉或瑜伽的译词),36

Tao-an (leading fourth-century monk)(道安,四世纪杰出的僧人),62

Taoism(道家): influence on Han Confucianism(对汉代儒家的影响), 24, 28; popular religious movement, late Han(民间的宗教运动,汉末)26; invasion of North China(渗入中国北方),60—61; sources of its rural strength(其乡村力量的源泉),97; interaction with Buddhism(与佛教的相互作用),32,33,36,46,48,49,51,62,71,78—79,82,97,98—104; see also Neo-Taoism(亦见新道家)

Tao-te ching(《道德经》),24,30

Thomas, E. J.(托马斯),93 页脚注,129

Three Teachings(a syncretism)(三教合一),101

T'ien-t'ai(school of Chinese Buddhism)(佛教天台宗),79,80

Tokiwa Daijō(常盘大定),40 页脚注,138

Toynbee, Arnold(汤因比),3,106

Ts'ao Ts'ao(post-Han ruler)(曹操,东汉末的统治者),27

Ts'ui Shih(late Han thinker)(崔寔,汉末思想家),25

Ts'ui Yin(崔骃),20 页脚注

Tsukamoto, Zenryū(塚本善隆),vi-ii, xiii, 59 页脚注,62 页脚注,130,132

Tun, see Subitism(顿,见 Subitism)

Tung Chung-shu(formulator of Han Confucianism)(董仲舒,汉代儒学的缔造者),12,13,14,89,90

Tun-huang(cultural center of China's northwest frontier)(敦煌,中国西北的文化中心),32,35,43 页脚注,138

Twitchett, Denis(崔瑞德),104 页脚注,133

Tzu-jan, see Naturalness(自然,见 Naturalness)

V

Vasubandhu(Mahayana philosopher)(世亲,大乘思想家),136

Vimalakīrti(ideal Buddhist layman)(维摩诘,佛教居士的典范),52

Vinaya(monastic rules)(戒律,出家人的戒规),68,106; Vinaya Master(律师),68

Vincent, Irene(艾琳·文森特),138

W

Wada, Sei(和田清),21 页脚注

Waley, Arthur(魏礼),31,42,43页脚注,72页脚注,95页脚注,134,135

Wang An-shih（Sung reformer）（王安石,宋代改革家）,93

Wang Ch'ung（Han skeptic）（王充,汉代无神论者）,17

Wang Fu（Later Han Legalist）（王符,东汉法家）,25

Wang Yang-ming（formulator of intuitionist Neo-Confucianism）（王阳明,新儒学心学的缔造者）,91,92

Wang Yen（last prime minister of the Western Chin）（王衍,西晋最后的尚书令）,42,43页脚注

Watters, Thomas（托马斯·华特斯）,100页脚注,109页脚注,134

Wei dynasty, successor state of Han（魏,汉的后继者）,38,41

Weinstein, Stanley（斯坦利·维斯坦）,133

Welch, Holmes（霍姆斯·维慈）,134

Wen-chu-shih-li（Mañjuśri）（文殊师利）,82

Western civilization（西方文明）: its impact on China（对中国的冲击）,108—109; its militancy（其好战性）,116,119; Buddhist defensiveness toward（佛教对它的抵御）,112

Western Paradise（西方极乐世界）,59

Whitaker, K. P. K.（怀特克）,41页脚注

White Cloud Society（Pai-yün hui）（白云会）,104

White Lotus Society（Pai-lien chiao）（白莲教）,104

Wright, Arthur（芮沃寿）131—132,133

Wu, emperor of the Liang Dynasty（梁武帝）,51

Wu-ch'ang（five normative virtues）（五常）,37

Wu-hsing（five elements）（五行）,37

Wu-wei（non-action）（无为）,36

Y

Yama, King of Hell（Yen-lo）（阎摩,地狱之主,阎罗）,99

Yampolsky, Philip（菲利普·扬波

尔斯基),137

Yang Chu(classical hedonist)(杨朱,古典享乐主义者),89

Yang Lien-sheng(杨联陞),19 页脚注,133

Yellow Turban Rebellion(黄巾军起义),26,35,53,81,125

Ying, Prince of Ch'u(early Han patron of Buddhism)(楚王英,东汉初期的佛教支持者),21 页脚注,34 页脚注

Y. M. B. A., Y. W. B. A.(佛教青年会,佛教青年妇女会),115

Yoga(瑜伽),36

Yü-huang Shang-ti(Jade Emperor)(玉皇大帝),99

Yü-lan-p'en-hui(Avalambana Feast of All Souls)(盂兰盆会),72,102

Yü Yü(fourth-century writer)(虞预,4 世纪时的作家),44 页脚注

Yüan Mei(eighteenth-century poet)(袁枚,18 世纪诗人),95 页脚注

Yün-kang(云岗),57,59,132

译后记

这本书是美国汉学家芮沃寿(Arthur F. Wright,1913—1976)关于中国佛教史研究的一部通论性著作。作者以1958年在芝加哥大学举行的演讲稿为基础写成此书,一经出版后,即受到广泛的关注和赞誉,著名学者纷纷发表书评,甚至在此书出版近半个世纪之后依然有新的书评出现。时至今日,这本书仍是美国大学生了解中国佛教的必读之书。

芮沃寿是20世纪中叶美国汉学研究的领军人物之一。他1936年毕业于斯坦福大学,40年代两度以哈佛燕京学社研究生身份来华进修,后一次在华期间一度被关进日军在山东设立的集中营。1947年返美获得哈佛大学哲学博士学位,曾任斯坦福大学及耶鲁大学教授。芮沃寿1951年与费正清等人成立中国思想研究会,担任主席。他还是美国历史协会、美国亚洲研究协会会员,并长期担任中华文明研究委员会会长,对美国的汉学研究影响甚深。他的主要论著有《中国历史中的佛教》(*Buddhism in Chinese History*, 1959

年），主编《中国思想研究》(*Studies in Chinese Thought*, 1953)，与倪德卫（David S. Nivison）合编《行动中的儒教》(*Confucianism in Action*, 1959)，与崔瑞德（D. C. Twitchett）合编《儒家信念》(*The Confucian Persuasion*, 1960)、《儒家人格》(*Confucian Personalities*, 1962)，1964年编辑出版《儒家与中国文明》(*Confucianism and Chinese Civilization*)，1973年与崔瑞德合编《唐代研究面面观》(*Perspectives on the T' ang*)，1978年出版《隋朝——中国的统一》(*The Sui Dynasty: The Unification of China*)，另外还有《中国文明的研究》("The Study of Chinese Civilization")、《佛教与中国文化——互相作用的诸阶段》("Buddhism and Chinese Culture: Phases of Interaction")等多篇论文。

  芮沃寿的研究重点是隋唐史。当时北美英语界的佛教研究刚刚起步，他是转入中国佛教研究领域的极少数史学家之一，尤其对《高僧传》有着持续而深入的研究，陆续发表的论文及本书无论在中国史还是佛教史的研究上都占据了重要的位置。中国在近代遭遇了与西方文明的碰撞，发生了一系列的巨变。中国以种种努力寻求对西方的理解，以看清自己身居何处。与此同时，西方的汉学家也在探索了解中国的路径。作者史学研究的动力之一是为了更深入准确地理解中国现实发生的一切以及未来可能的方向。回到过去、检视历史正是实现这个目标的途径。在这种强烈的现实关怀背景下，作者将目光转向了两千多年的中国佛教史，探究历史上两个文明相遇所发生的种种相互作用、延续至今的影响，和由此引发的中国思想与文化的变迁，从而更好地理解一个伟大文明的过去与今天。

漫长的历史充满了太多的细节，中国历史与佛教的资料和研究成果又浩繁而庞大。可是作者言约而旨远，在这样薄薄的一本书中，广泛利用可收集到的中国、西方和日本的各种研究资料，清晰地勾勒出佛教传入中国的历史进程。其知识固然渊综广博，表述却清通简要。书中处处透露出作者思想的光芒。如作者在本书中反复提及的，这本书的关注点是追寻两个文明的互动历程及模式，提出了诸多重要的问题，如佛教所携带的印度色彩和中国文化在语言、伦理、思维模式等各个方面的差异鸿沟如何得以沟通；佛教的顿渐之争与理学的二元分辨之间的内在联系；佛教对于中国本土文化的适应以及中国本土思想对佛教的挪用嫁接等等，每一方面的论述都凝练而犀利，有兴趣的读者可继续深入思考研究。作者也通过具体而全面的论述，尽力厘清一些长久以来形成的迷思，阐明中国文明是一个动态的过程，应当以变化而不是静止的观点来对待，本土文化并非是单纯地吸收同化外来文化。从历史到今日，中国人也从不缺少狂热的宗教情绪和能量,并非是完全理性实际的民族。

从作者出版此书,半个世纪已经过去了。显然作者的史学修养胜过佛学修养,佛教内在发展的脉络不是这本书首要的考察重点。这样高度概括的一本书,也很难更加细腻而从容地触及佛教自身独具的特质。此外无论在中国史学还是佛教学领域里,各项研究都已有了长足的发展,更加深入细致,而且世事已经变迁,因此作者的一些观点结论或可商榷,或已应修正,但是作者极其出色地综合各个学科的研究成果提出的问题,依然值得关心中国史、佛教史、社会史和文明交流史的读者参考。

这本书最早由斯坦福大学出版社于1959年出版,译文根据的版本是2004年印刷版,延伸阅读的书目经作者于1971年印刷时修订。此书行文句简而义繁,征引范围广泛,从原典到英、法、日的研究成果无不具备。因此译者在翻译时虽以信为首要的准则,尽力传达原文的丰富含义,却难免有时为选择更精确的措辞踌躇不已。如有未备,请寄明哲。

同作者在序言中所说一样,为不使读者厌倦,请允许我感谢直接助成此书翻译的诸位:感谢我的先生张旺鼓励支持并细心地校订全文,使译文减少了自己看后都不免会笑的错误。这部译稿也是他的成果。感谢我的老师和诸位富有才华的同事，他们的指教和帮助让我受益匪浅。感谢出版社的王立刚、吴敏二位编辑耐心周致的工作，宽厚而信任地允许我从容译成此稿。